상사화

상사화

사랑과 신앙에 관한 서문원 시집

부록 : 묵주기도의 신비

묵상시 이십 편

좋은땅

시집을 내며

시의 세계는 끝이 없고 아름답습니다.

시인은 시를 통해 삶의 행복을 노래할 뿐 아니라 가슴속 아픔을 내비치고 때로 토하기도 합니다. 하지만 시인은 이 모든 것을 아름다움으로 승화시켜야 합니다. 그렇기에 시는 함축적이고 간결하며 고운 어구로 표출되어야 당연하지요. 하늘이 내린 미려한 언어의 보고가 되어야 할 것입니다.

사실, 시를 쓴다는 것은 참으로 쉽지 않은 길이었습니다. 처음 가슴 떨리는 영감으로 시작하더라도 한 자 한 구절 그에 걸맞은 시어를 찾고 어구를 맞추며 문장을 부드럽게 끊고 잇다 보면 어느새 아침이 밝아 옵니다. 그렇게 하나하나 시는 탄생했고 이러한 시들 중 작품성 있는 시를 골라 책을 내게 되었습니다. 이 모든 과정마다 기도가 필요했으며 지혜를 주신 하느님께 감사드립니다.

제1부에서는 꽃을 통해 사랑과 삶을 그린 시들을, 2부는 제 인생의 애환과 소망을 담은 시들, 3부는 고결한 분들의 사랑과 믿음의 시를 모아서 엮었습니다. 4부는 성모님의 지고지순한 일생을 노래한 시, 끝으로 부록은 십 년에 걸쳐 쓰고 수정하여 탈고한 꿈같은 묵주기도 묵상시

이십 편입니다.

　돌이켜 보면 시를 쓰고 책을 펴내는 것, 저에게는 기적입니다. 사랑하는 사람을 오랜 병환 끝에 메르스로 잃고 정신적 여유도 생활의 기반도 다 무너져 절망에 빠져 헤맬 때, 이런 시간이 다가오리라고는 생각도 하지 못했습니다.

　부족한 작품들이지만 가만히 들여다보면 저의 삶과 사랑, 아픔, 기도가 구석구석 실려 있습니다. 이 시를 보며 어느 한 분이라도 위로와 힘이 된다면 너무도 좋겠습니다.

　이 책을 찾는 모든 분들께 깊은 감사의 인사 올립니다.

2025년 2월 어느 날

서문원 배상

목차

제1부

상사화

상사화

그대 앞에 마주해
사랑한다 말하면
아직 사랑 아닙니다

가슴 벅차고 고동쳐
아무 생각나지 않아
어떻게 사랑을 전해요

그대 멀리 떠나고
보고 싶다 이르면
아직 그리움 아니지요

눈물 앞을 가리어
온몸 사무치는데
말문 남아 있으리

임 만나지 못해도
믿어 꿋꿋하여라
거짓 고하지 마소서

한시 놓고 싶지 않아
심장 타오르는데
태연할 수 있을까

이렇게 애태운다고
통속적이라 한다면
정녕 사랑에 빠진 적 없어

대답 없는 임이시여
상사화 만발하온데
당신은 어찌 참으시어요

상사화 – 시련

천리만리 쉬지 않고
달려오지 않으려면
마음 결코 흔들지 마세요

사십 주야 그리워
지새우지 못하면
보고 싶다 감히 이를까

죽음도 가르지 못해
저승도 동행하겠소
진정 빈말 아니더면
그대 사랑 조금 믿을 만하오

그래 마음 놓으려는데
들이닥친 시련의 광풍
연분홍 상사화 길고 곧게 돋아나

금세 지나간다 했으나
굽이굽이 이어지며

멍들어 비틀거리는 날들아

그래도 변치 않는다면
진정 사랑이라 하고
악령도 어떻게 하지 못하리

상사화 - 연심

어찌나 보고 싶으면
한숨 길게 내밀고
그대 모습 기다릴까

얼마나 애가 타면
옷자락 다 해지고
나락의 날들 삼키느냐

오죽이 정 깊으면
낯빛 달아올라
연분홍 빛깔 뿜어내는가

빨간 장미

깊숙이 묻어 잠잠하라 하여도
걷잡을 수 없이 솟구쳐 올라
빨갛게 영근 심정 당신은 아시나요

이제나저제나 한사코 기다리다
깜빡 잠들었어도 부러 모른 척
빨갛게 타는 원망 당신은 아십니까

어젯밤 꿈속에 붉은 나비처럼 날아온 이여
깨지 말아라 기도해도 먼동은 트이고
빨갛게 물든 숨결 당신은 아시겠지요

아예 잊었는가 대답 없는 쪽빛 하늘
그래도 바람결에 소식 실려 오려나
빨갛게 상기된 얼굴 당신은 기억하리오

이리하여 곱이곱이 상사 붉게 타올라
담장마다 너울대는 빨강 꽃무리야
가려진 가시의 비애 그이에게 전하시라

장미의 염원

몰래 감추어도 사랑의 순간들
바지런한 땅은 보고 새겼다

둘만의 애틋한 속삭임
누구도 모르겠지
귀 쫑긋 세운 바람 듣고 담았다

오롯한 언약의 입맞춤
영원히 변치 않으리
자상한 하늘 꽃구름 실어 간직했다

세월 지나 아름다움 바래고
끓던 정념도 무디어지며
운명의 만남 한낱 기억으로 밀리더라도

이때도 그들은 잊지 않고 사랑의 염원 토하나니

땅은 푸르른 싹 틔우며
바람 봉오리 깨우고

하늘의 단비 무성한 덩굴 보듬는구나

이리해 굽이치는 빨강 꽃물결
연인들아, 다시금 타올라라
사람들아, 사랑으로 살아라
생동한 장미 향기 너른 산천 흠뻑 적시네

임의 장미

숱한 밤 지새우며 시를 쓰지 않았더면
누군가 애타게 사랑했다 말하지 않을래요

뇌우 몰아칠 때 맨몸 달려오지 않았더면
누군가 절절히 사랑했다 이르지 않을래요

세월의 풍상 변해 가는 행색에 흔들린다면
누군가 진실로 사랑했다 고하지 않을래요

목숨마저 그대 위해 던질 맘 아니라면
영혼의 사랑이라 일컬어지지 못해

너만을 그토록 사랑하여 희생의 꽃 붉게 피우니라

이다지 감미로운 고백 느닷없이 다가서
삶의 여정 송두리째 뒤흔든 임이시여

장미꽃 만개하여 굽이치는데

당신은 어디 앉아 계시어

나 몰라라 고뇌의 날들 바라만 보시나요

당신은 어디 앉아 계시어

나 몰라라 고뇌의 날들 바라만 보시나요

진홍 장미

그 사람은 빨강을 좋아했지
뜨겁게 사랑하며 살고 싶다고

이리하여 오월이면 장미꽃 만발해
행복한 웃음소리 끊이지 않는데

그해는 때아닌 비 오래도록 내려

빗물에 젖은 어깨선
가로등 불빛 아래
이슬 맺힌 유혹의 진홍 장미

그러해도 오랜 비에 하나 둘 떨어지고

슬프게 바라보던 그녀
비바람 몰아치는 날
아쉬운 사연 두고 꽃잎 새 놓이니

젖은 꽃송이 안타까워 그러했나요
아니 고혹한 장미 향기 남으려는가

파란 장미

당신을 처음 만난 시간

아무 말할 수 없었어요

가슴 뛰고 숨 막히는데 어떻게 해요

당신이 어느 날 다가올 때

그저 도망치고 말았어요

온통 달아오르는데 어떻게 해요

당신이 언젠가 손 내미는 밤

털썩 주저앉아 기도했어요

믿기지 않아 혼란한데 어떻게 해요

바라보기만 해도 떨리는 마음

그대는 몰라 무심하다 하십니까

이리하여 우레 몰아치는 날

그대 발자국 빗줄기 묻히고

세월 세월 세월아 지나가나요

오랜 기다림에 만신 파리해져

그대 앞에 애태우는 파란색 장미
차마 알아보지 못하시길 바라니
그래야 선뜻 나설 수 있지 않겠어요

붓꽃 연가

당신은 사랑을 아시나요

가뭇한 가슴 파고들어

온통 붉게 휘저으니

잠들지 못하는 보랏빛 밤입니다

당신은 사랑을 아시나요

무심한 호수 떨어진 파편

잔물결 사르르 넓히더니

걷잡을 수 없는 파도로 밀려듭니다

당신은 사랑을 아시나요

임의 향기 가만 불어오니

화려한 연주 소용없어

붉은 카펫 내딛고 뛰쳐나옵니다

한데 당신의 사랑은 무엇인가요

오랜 사연 내던지고
어느 분 손짓 따라
머나먼 길 가십니까
이년 처지 그렇게 하찮은가요

그리해 잊으리라 가슴 쥐어뜯어도
어찌해 미련한 사랑 오직 그대뿐인가

이렇게 안타까운 심정
하늘님 굽어보시니
눈물 스며든 자국자국
보라색 꽃 피어나 임의 이름 부릅니다

진달래꽃

그대 떠나간 뒷동산
꽃샘 속히 밀려오고
기다리는 봄 기약 없어라

그날 다시 온다 하고
달리 가려 하시는 길
잡는다고 돌아서지 않아

차라리 기억하소서
사무친 마음 새겨
그대 지나는 샛길
연분홍 꽃잎 살그미 누였더니

밟고 짚은 자국마다
꽃물 고이 타고 올라
긴 세월 얼굴 잊어도
진달래 향기만은 잊지 마소서

진달래꽃 - 그리움

오매불망 그리움

달래 볼 길 없어

연분홍색 수심 깊어 가고

달려가고파도

속내 감추려

진분홍 옹이 달래달래

이러해도 산등성 푸르면

못 알아보실까 하여

분홍빛 진달래 이르게 띄우나니

진달래꽃 – 연정

그대 보이지 않아
비단금침 가시솜
온몸 콕콕 찔러대고

그대 음성 멀어져
이른 아침 종달새
쇠스랑 가슴 후비는데

그대 향기 아스라해
뉘 진정 달래 주어
꽃샘 하루해 넘기어요

임이여, 이렇듯 애태워
연분홍빛 물들더라도
달리 나 몰라라 하십니까

진달래꽃 - 이별

꽃샘 한기 미련 남아
요기조기 기웃거려
얇은 적삼 때 이르지만

머나먼 고초 외길
하얀 겉옷 하나
한사코 가려는 분

꽃신 당연 놔두시기에
버선이라도 신으시길
마루턱 아래 모셔 두어도

이마저 가벼이 외면해
심사 짐작이나 하리오
사나운 둥신 맨발 오르는데

어디서 하늘하늘 날아오는
연분홍 물든 옥양목 꽃잎
해진 걸음걸음 달래 주려는가

동백꽃

겨우내 기다림
새초롬 피어난
진홍빛 아이야

너를 보고 싶어
이제나저제나
해거름 기울이고

메마르면 어째
근심스레 보며
하늘에 기도했어

그래, 이렇게 만나
무수한 기쁨 주려
너는 더디 왔더냐

아니 연녹색 봉오리
곱게 물들이려니
그렇게 힘들었는가

어이하여도 세월

마냥 헛것이 아냐

임도 못내 참으시며

매운 한풍 이겨 내라

눈발 아래 단심지연(丹心之緣)이여

붉은 동백

상사화

기나긴 겨우살이
다들 숨죽이는데
흰 눈 머리 이고
선연히 고개 든

수줍어 빨간 볼에
천진한 노란 꽃술
사춘기 소녀처럼
두려움 없이 나선 이여

꺾으려는 바람 거세고
눈벌에 손발 해지는데
어떻게 한겨울에 나왔는가

이렇게 묻는 그대
사랑을 아시나요

임 만나고 싶으니
엄동설한 북풍한설

두려움도 없어라

혹여 부러져 묻히더라도
한순간 여미하게 피어나
그분 눈길 받을 수 있다면

이로 충분히 행복하다오
미련 없이 진정 바치려오

그렇게 떨구고 맺으며
정결한 사랑의 꽃 이어지니

안타까운 임이시여!
때 이른 봄 무성함
그이들에게 내려 주시어

붉은빛 나고 지며
산천에 사랑 심은
고운 꽃잎의 바람
기려 떨치게 하시누나

동백꽃 연가

상사화

오랜 세월 무수한 사연들
가지마다 곱게 돋아나
낮은 돌담 꽃무리 엮고

일편단심 붉은 저고리
다소곳이 동여매어
조촐하고 어여쁜 맵시

야무진 꽃잎 살짝 열어
오목한 찻잔이런가
깜찍한 노란 꽃술 소복이 담아

수줍은 처녀 아리따움이어라
달빛 아래 그림처럼 피어나
창조주 오묘한 손길 내비치어도

미망에 허덕이는 삶들
겉모양만 바라보아
나고 죽는 현생에서

상사화

그분 현존 깨치기 난망하다

그러해도 사랑의 주님

하염없는 동백꽃 연정

고백하며 기다리시는데

지상 여정 긴 겨울이더냐

매운바람 거센 눈보라

때리고 꺾으려 애쓰건만

너를 너무 보고 싶어

펼쳐진 눈밭 헤치고

차가운 땅 입김 불어넣으니

겨울꽃 청초한 그리움아

저물어 묻힌 듯하여도

송이송이 함초롬히 솟아올라

겨우내 척박한 대지

인고의 사랑꽃 되어

소생의 희망 틔우다가

어느덧 빨강 꽃송이
풍상에 퇴색되고
애잔하게 떨구는가

그때에, 내 사랑 동백아!
절망과 두려움 멀리 보내라

지난겨울 너의 소망대로
꽃잎 시든 가지일지라도
하늘 정원 정성스레 옮겨져

지지 않는 동백꽃으로
다시금 피어올라
한겨울 시름 잊고
사랑 노래 부르며 살아가리라

군자란

몇 해 전 너를 보고
그분 닮은 주황색
한눈에 마음 빼앗겨

이른 아침 늦은 저녁
바라보고 기다리며
보고픈 심정 신명에 호소했어

나고 가는 무상함이야
어쩔 수 없다 하여도
빛깔 고운 아이라도
다시 만날 기쁨 주시기를

그래 어느 이른 날
방긋이 웃으며
소담스레 솟아난 애야

주황 적삼 빛 그대로
꽃무리 가슴 안고

이 계절 떠나간 임

해후 소망 빌어 주려무나

상사화

매화

바람 들면 떨어질까

앙증맞은 하얀 옷깃

붉은 면포 꼭 여미고

그리움 소복이 담아

이른 봄날 상큼함

다소곳이 다가온 소녀야

고동치는 기억 더듬어

여기저기 찾아다녔지

어쩌면 빼닮은 무리들

화사한 매력 물씬 뿌려도

내 사랑은 오직 하나라오

단아한 그대만 눈에 들어와

하늘의 주님도 그리하시리

수만 내음 섞여 뽐내어도

맘에 든 여드디야
한눈에 알아보시고

아니 그를 보고 싶어
산천 헤매는 임이시여

제 모습 혹여 시들어도
당신께 안겨 잠들면
그로 만감 행복하렵니다

청고매화(淸高梅花)

새벽빛 잔물결 치듯
해맑게 반짝이며
상큼한 미소 다가섰다

석양녘 스산함 아랑곳없이
하얀 옷깃 살짝 여미고
야무진 눈동자 다가섰다

앙증맞은 몸짓 마음은 바다여라
그지없는 사랑 유려히 다가섰다

이렇듯 누구보다 일찍이
뒤뜰 고목에 내린 천사여

그대는 아직 이른 봄날
스미는 한기 두렵지 않으냐

그래요, 걱정 앞서도
그리움 밀려 오르니

들이치는 바람 부딪혀 삭이고

무엇보다 소중한 것은 사랑입니다
천만년 당신 곁에 떨어지지 않으리

이렇게 눈앞에 선연한
기품 있는 흰 꽃송이
청고매화 싱그러운 향기라네

백목련 – 상사(相思)

사랑 길이 깊으면
빨갛게 달아올라
금방 터질 듯할 텐데

이이는 시린 가슴
빛 고운 하얀 순정
누가 애달프다 여길까

그런데 아시나요
새하얀 장 예복
묻어 둔 붉은 심정

이를 정히 터뜨리면
온통 남김 없는 주홍
타는 상사 드러내지만

하얗게 가린 상념
정갈한 사랑의 밀어
아름답고 애처로워

그렇게 피어나는

백옥선화 그리움

다함없는 천생 연이여

상사화

백목련 - 봉헌

제1부 상사화

거무레한 나뭇가지
무엇 있을까 한데
새순 도드라지기보다

살포시 봉오리 내밀어
하늘님 바라보아라
조각 같은 풍모 들어 바치는

과연 땅의 기운인가
선남선녀 하강하여
천상 정기 뿌린다 할까

아, 그렇다 하리
어두운 밤 기도
그분 친히 들으시니

아름다운 영혼의 꿈
황무지 벌판이라도

청명광채 백옥단장

천지화합 연 만개하나이다

상사화

백목련 - 영화(靈花)

제1부 상사화

길고 깊은 한밤에도
기도하는 손길 있어
하얗게 어둠 밝히고

흔들리는 걸음걸음
사랑하는 이들로
끝까지 이 길 가게 되며

억센 먹구름 창궐해도
어머니 정성 지극하여
꿋꿋하게 자리 지키나니

이렇게 기특한 사람들아
가로막힌 진회색 하늘
백옥영화 오히려 만발하네

백목련 - 작별

상사화

소리 내 울고파도
임 들어 아플까
숨죽여 애통해하는

청천 하늘빛 깊어라
세상만사 여념 없는데

무엇이 그분 재촉하여
아직 차지 않은 날들
놔두고 가시려 하나요

그리해 원망 깊으련만
군자 깊은 뜻 어지러울까

가만히 장옷 여미고
무탈 귀향 기다리는
백옥지성 선연한 자태여

분홍 코스모스

애련한 사랑 모르면
가까이 다가와서
다정히 만지지 말아요

그리움에 밤 지새우고
통곡한 기억 없으면
새삼 곱다 이르지 마세요

보고 싶어도 볼 수 없어
한 번만이라도 애원했나요

이런 사람 보내려니
심장 무너져 내려
십자가 붙들고 기도했어요

그러면 이제 가을바람
가냘프게 흔들리는데
꺾이지 않으려 애쓰는
분홍 코스모스 지켜 주세요

연꽃

연분홍 항라 저고리
곱게도 차려입고
고요한 심처누각
다소곳이 접어 앉아

비바람 몰아쳐도
매어진 옷고름
펼쳐진 끝자락
아무런 미동 없어라

그리해도 깊은 밤
물결마저 들썩여
달빛도 흔들리면
홀로 무섭기도 하련만

보드랍게 선연한 자태
지그시 입술 깨물고
하늘 올려 눈물 훔치니

아무런 말 없어도
그 사연 모를까
수억 년 기다림
올올이 맺힌 꽃잎

여기에 떠난 그분
이 자리 오시려니
어느 때 뵙더라도
고운 모습 보이려오

이렇게 나고 지며
영겁으로 이어지는
그윽한 연꽃 향기
끝이 없는 사랑 노래여

수련화

멀리 가 잊고 살아라 등 떠민다 해도
올곧은 여인 그대 떠나 어찌 견디어요

어려운 살림살이 거무스레 물색이어도
미련한 절개 그대 떠나 한시도 못 지내요

여름 뜨거운 햇살 그늘 잠시 쉬라 건네는데
애끓는 심정 그대 없으면 금세 말라 버린다오

어느 이들은 이 마음 집착이라 하고
세련된 누구들은 갑갑하다 일러도
그리 말하는 혹자들 사랑에 빠져 보았나요

이리하여 짙게 고인 못물 아랑곳없이
새하얀 순정 물낯 꼬옥 붙어 피어나
임의 사랑 안겨 선연히 미소 짓는 꽃이여

수련화 – 열망

무거운 물 덩어리 줄곧 누르고
이제껏 움츠린 몸 힘겹더라도
여문 햇살 품에 안고 살그미 깨어나

가는 옥수 수심 밀어 올리려니
빗줄기 가쁜 숨 보글거리며
이러해도 걷잡을 수 없는 뿌리 깊은 연정

혹여 잊지 않으셨을까 염려되더라도
천만년 인연의 타래 풀어 살고파
갈래 흰 꽃잎 수면 띄워 만다라 그리는가

이처럼 오랜 열망 지난한 세월
종일 두리번 나서야 하는데
부끄리워리, 한낮 내다보더라도
저녁녘 마주칠까 고운 얼굴 감추니라

우중 수련화

줄기찬 장맛비 물면 깊이 파고들고
물고기 그림자 찰랑찰랑 노닐며
못가 수풀 제철 만나 반들거릴 때

동그란 연잎 물결 따라 흔들리더라도
청초한 꽃잎 나직이 하늘 앙망하고
연노랑 꽃술 영명한 숨결 고이 내비치다

그렇다, 연중 기다림 몇 날 겨우 피어도
아니 몰리는 구름 새 잠깐이더라도
고대하던 햇살 품에 안아 보았으니
임이여, 소녀 이제 잠들어도 미련 없사옵니다

실란

여윈 몸이라 하여
마음마저 그런가요

옹골진 심지에서
곧게 오른 사랑이여

바람 불어와도
하늘 자옥해도
괘념치 마소서

그대 그리는 심정
곱게 망울 터뜨리니

깊은 골 하얀 향기
끝 날까지 간직해
다시 만날 기쁨 되오리

벚꽃

오랜 기다림 말(末)

하얗게 출렁이는

걷잡을 수 없는 그리움

돌아봐 적지 않은 시간

다른 이들 송이송이

이른 백색 나래 뽐내어도

그대는 내색하지 않고

애달픈 속내 알아주리

임 앞에 설 날 열망했지

그리하여 무르익어라

고운 심정 솟구쳐

사랑의 꽃 함빡 피어나고

무정한 분이더라도

때아닌 백화설경

경탄의 정감 바라보시니

시샘 바람 빗줄기야

잔 꽃잎 흩어 뿌려도

잠시 눈길 그만으로

천년 설움 보드랍게 묻히더이다

벚꽃 – 사은(謝恩)

억센 하늘 짓누르고

굵은 바람 휘몰아쳐

한시 편한 날 있었던가

그리하여 모진 세월

마디마디 생채기

얽은 자국 새겼는데

어느 날 다가온 훈풍

가슴 포근한 그분

별처럼 돋아난 희망의 싹이여

활짝 핀 벚꽃 아래

백화 선경 거닐며

사은의 정 담뿍 바치나이다

나비란꽃

자그만 매무새에
옹골진 하얀 꽃잎

일곱을 채우려니
또한 욕심인가 하여

여섯으로 가다듬고
하늘 보며 기도하느냐

주어진 삶이 짧다고
자구(子球) 약하지는 않아

무수한 새싹들
별처럼 피어 맺혀

번성과 광영의 진리
조물주 뜻 안에 있음이라

흰철쭉

상사화

돌아올 분 기다리며
동산 빼곡히 메운
환호하는 하얀 무리들

아마포 겉옷 걸치고
한 목소리 기뻐해도
속마음 다 같지 않아

뛰는 눈동자 여인네
동동 가슴 누르며
재회 기쁨 나누려는데

온 지 얼마 되었다고
절심하여 돌아서시네

황망 속상하더라도
사정 알지 못해도
고이 보내 드려야겠지

상사화

이리해도 일편단심 임 아시게

소복 자락 펼쳐 날리자꾸나

이렇게 한밤 지새우며

면면히 전해지는

속되지 않은 사부곡(思夫曲)이여

스파티필름

오랜 시간 장옷 가려
그리 애간장 태우고
기다림 여물게 하더니

어느 아침 배시시 웃으며
뽀얀 얼굴 길게 내밀어

그래 그동안 덮인 옷
답답해 속상했으련만

모습은 마냥 천진하고
겉옷도 센스 있게 펼쳐
후광처럼 빛나는가

돌아보면 아름다운 이들
언제나 심성 그와 같아

산골짝 웅크린 세월
하늘 그리는 사랑

잠재우지 못하더라

꺾이지 않는 하얀 마음
이생과 저승 어찌 다를까

어디라도 주님 바라고
끝내 곱게 피어오르니

그분 어여삐 여기시어
은총 감싸 주시나요

꺾이지 않는 하얀 빛살
그이들 뒤태 뿜어 나와
어두운 물상 밝히며
천상 하느님 전 영광됩니다

피라칸타

그리움 삼키고
기다림 쌓여
하얀 조가비
소복이 펼치더니

헤집는 바람아
어둑한 하늘
메마른 길섶
차가운 눈벌에도

아랑곳없으려나
동요하지 않고
야물게 영글어
총총히 빛나는데

그분 오시는 겨울
꽃길 내어 주려
지지 않는 사랑
붉은 빛깔 차리었느냐

난초꽃 1

제1부 상사화

머나먼 사십 주야
홀로 세게 하시더니

낮은 돌담 그림자
조석 비치지 않고

검은 구름 비바람
그분 징조 아닐 텐데

놀라워라 기뻐요
푸른 깃 금색 술
뾰족이 세우시고

문 두드리시는 분
소녀 가슴 벅차
임아, 어서 오소서

난초꽃 2

보드라운 금빛 상사
푸른 촛대 귀히 밝혀

면면히 그리운 임
한 날 천년 왕궁
구름 타고 오시려니

한여름 뜨거움도
기나긴 장맛비도
그리움 누를 길 없고

땋아 올린 댕기 머리
첫 마음 노랑 연문
끝 날까지 상큼 바람아

난초꽃 3

천 년 난향 연금 빛
속 깊은 자홍 잔영
겹겹 지핀 하세월아

파르르 수줍은 날개
고운 정 뿜어내고
조밀히 다문 입술
사랑의 시 읊조리며

솟아오르는 연정
임의 향기 되고파
갈색 샛길 헤집고
가쁜 숨 여기 왔어요

난초꽃 4

몇 날 지새워야
한시 잊지 않는
이 마음 알아줄까

너무나 보고 싶어
풀숲 새 헤치고
고개 들춰 내다보니

그간 참고 누른
한숨 갈색 비원
수정 눈물 맺히어

갸름한 얼굴 타고
가슴 적셔 내리는데

너는 참 아느냐
임 기울이시어
푸른 저녁나절
자홍색 기도 자락

상사화

하늘 여며 안으시니

정화수 고인 어깨

순금 날개 해처럼 빛나네

해바라기 1

호리호리 몸매
길게 내밀어
동그란 얼굴
낭군님 바라는가

오랜 기다림에
옷깃 해지며
타는 가슴속
애 마른다 하여도

불현듯 찾는 그분
마음 상하실까
커다란 눈동자
밝은 웃음 머금고

뜨거운 임의 사랑
한 시절 그리며
샛노란 스카프
화사하게 두른 채

청명 하얀 구름
어디 바람결에
깨알 같은 연서
끝없이 띄워 보내는

임이여, 지금 오시어
지나면 매운 계절
당신 입김 온기로
엄동설한 잊게 하소서

해바라기 2

늘씬한 옷매무새
앞치마 동여매고
이리저리 잔치 챙기는

솜씨 좋은 아낙네라고
내심 아픈 기억 없을까

분주한 하루 저물고
뉘엿뉘엿 해 질 녘

바라보는 이들 없어도
화사한 노랑 머플러
울타리 너머 큰길 내다보다

긴 그림자 사그라지니
이제야 깨알 같은 글
촘촘한 연문 하늘 올리네

제비꽃

꿈틀꿈틀 엎드려 기어도
끝까지 살아남을래요

보잘것없이 업신여김 받아도
절대 포기하지 않겠어요

짓밟혀 망가진 몸뚱이라도
어떻게 부서진다 하여도
물러서지 않는 것, 무슨 힘인가요

누구도 돌아보지 않는데
단 한 분 끌어당기시고
언제까지나 믿어 주시기에

그분 사랑 하나만으로
작고 납작한 들풀이더라도

봄 되면 기특한 꽃줄기

보라색 앙증맞은 꽃잎

키 큰 수풀 질투 부러움 받지요

상사화

민들레

제1부 상사화

험상궂은 고추바람
날리지 않으려면
바싹 낮춰 엎드리려무나

눈보라 휘몰아쳐도
이겨 내야만 해
얼어붙은 동토라도
깊이 파서 품에 안기렴

누가 너를 겁쟁이라
조롱하고 멸시해도
짐짓 모른 체하자꾸나

그래도 어머니 정화수
부디 기억하기 바라나니

찬바람 너른 눈벌판
당혹스러운 날들도
언젠가는 지나갈 터

이때에 보듬어 간직한 온기

노랑 꽃잎 햇살처럼 돋아나

사랑의 홀씨 꽃바람 태워 전하라

노랑 꽃잎 햇살처럼 돋아나

상사화

토끼풀 꽃

아무리 무성해 눈웃음 지어도
쳐다보는 이들 별반 없어
이런 설움 당신은 아십니까

내내 밟히며 지근지근 눌려도
하소연할 데 보이지 않아
이런 외로움 당신은 아십니까

빗발에 흐트러지고 흙탕 잠겨도
꺼내 줄 사람 나타나지 않는
이런 안타까움 당신은 아십니까

그래도 저는 해가 뜨면 동글게 피어
순진한 연인들 꽃반지 선물하고
설레는 밀어 뿌리 속내 간직합니다

이처럼 흐르는 소박한 사랑의 날들
당신은 바보라 말씀하십니까
꽃무리 보며 대견하다 하시나요

그저 난 대로 지내는 한생일 뿐인데

구태여 의미를 찾는다면

나직한 풀꽃 초원의 하얀 물결

그곳에서 만난 당신의 향긋한 바람입니다

상사화

남천

푸르른 시절 어디 갔느냐
훈훈한 진홍 색감이라도
저무는 세월 지피지는 못해

마른 자국마다 짙은 시름
고개 바람 솔솔 몰려드는데

천생 고혹스럽게 단장한
빨강 구슬 송이송이
진눈깨비 아랑곳하지 않으니

그렇구나 말씀 없으셔도
하늘님께 정성 다하여라

알알이 옹글신 넋혼의 묵주
적셔 드는 자비의 붉은빛
굽이치는 사랑의 연주가(聯珠歌)여

대국(大菊)

꽃봉오리 보며 맘 조아렸다
무탈하게 피어오르려나

그래 수시로 내다보며
한 잎 두 잎
기지개 켜는 모습
눈 사진 깊이 꼬박꼬박 찍었지

이렇게 만개한 꽃송이여
지난 세월의 번뇌
두툼한 꽃잎 담겨
후덕한 어머니 인자한 노란빛

너의 탐스러운 풍모 시샘하여
이 계절 유난히도
잔가지 기웃거리고
느닷없는 소슬바람 창문 때렸다

만천홍

빛 고운 자홍 적삼
아리따운 소녀야
너는 어디서 왔니

발은 잔돌 더미 밟고
땅 깊이 솟았다 할까

살포시 다문 입술
하늘 보며 속삭여
구름 새 내렸느냐

아니다 아니 그렇지
보이는 게 전부이려나

귀히 차린 매무새나
지난 꿈처럼 떨구고
초라해 둘 데 없는 이나

어쩌면 태생 모르는

기가 막힌 한 삶이여

나고 가는 세월의 신비
오로지 그분만 알 터인데

그래도 잠시 꽃피고 지며
고운 홍안 만질 수 있어
날리는 빗물 달게 맞으리

만천홍 - 귀향

제1부 상사화

바랜 아마포 겉옷
어린 나귀 타고
그리운 임 오신다 하여

동네 어귀 서둘러 나가
나직이 모시려 하였는데

청하지 않은 이들 몰려와
환호하며 맞아들이더라

무리들 진심인가요
바라는 욕심 있어
이다지도 아우성인가

그래 저들이야 이해 밝아
소문 듣고 찾아왔겠지만

참된 사랑 임만 바라봐
억센 서슬 교묘한 술수

그분 심정 상할까 염려되어

혼자라도 참된 기쁨 되리
자홍 치마저고리 차려
산들바람 곱게 춤추나니

이제야 돌아보신 임
환한 미소 지으며
가까이 다가오렴
만천홍 홀로 어여쁘구나

상사화

만천홍 – 혼인 잔치

제1부 상사화

하늘 혼인 잔치
기쁨의 꽃타래
소담스레 펼쳐지고

푸른 술 갈색 나귀
걸터앉은 분이시여

붉은 겉옷 걸치어
새삼 차리셨는데
어인 시름 비치나요

어여쁜 신부 만천 홍화
금방 시들면 어떻게 해

아니 만감 주려 남고
떠나시려는 심사인지

청천 구릉 주홍 꽃잎
바람 떨구면 돌아설까

그래도 마음 하나
옹골지게 보듬고
천일기도 난초꽃 밝히려니

야멸찬 돌개바람아
난데없는 진눈깨비
흔들림 없는 자태여

빼어난 자홍빛 지조
진홍 장삼 안기어
천상 궁전 들입니다

상사화

돌섬

돌섬

젊은 날 돌섬이 되고 싶다는 시를 썼다

바람 불고 파도쳐도 흔들리지 않는

꼿꼿한 모습의 섬이 되겠다고 했지

그런 삶이 무엇인지 의미도 제대로 모른 체

젊은 날 조약돌이 되고 싶다는 시를 썼다

연인들 발길 눌려도 아파하지 않고

밀려오는 물결에 둥글게 깎이어

모나지 않은 돌이 되겠다고 했어

그런 삶이 무엇인지 의미도 제대로 모른 체

젊은 날 조각배가 되고 싶다는 시를 썼다

외로움과 물새 바람 파도 벗 삼아

고고하게 살겠다고 흰 구름 보며 말했네

그렇게 사는 것이 얼마나 고달픈지 그때는 몰랐다

어느덧 세월 흘러 흰머리 셀 수 없다

시처럼 살았느냐 누군가 묻는다면

진솔한 답은 그런 시를 썼는지 기억도 못했다

그래도 돌아보면 참 순진하게 살았다
욕심낼 자리에서는 물러서고
재물과 명예보다 사랑을 택했다
바보라 해도 신의를 지켜 망가질 때까지 갔다

그러고 보니 잊어버린 시구들이 인생이 되었다
파도와 바람에 상처 난 돌섬이어도 후회는 없다

장맛비 젖다

좁다란 골목길 검은 그림자
단발머리 소녀는 무서웠다
누가 쫓는지 알 것 같다
단칸방 맞은편 무작정 달렸다

장맛비 날려 얼굴 때리고
빗물인가 눈물인지 흠뻑 젖었다

소년은 본보기 불려 나왔다
배달비 적냐고 물었다
쇠망치 주먹 날아왔다
봉투 꼭 쥐고 돌아가는 밤

장맛비 날려 얼굴 때려라
빗물인가 눈물인지 흠뻑 젖었다

잠들면 막다른 길 서성이고
빚쟁이 멀리서 다가선다
벗어나려 해도 꼼짝 못 해

그날처럼 장맛비 맞는다
빗물인가 땀방울인지 흥건하다

여태껏 만나 사랑한다 하면서
깊은 상처 보듬어 주지 못해
아니 여유 없는 세간살이
망각의 골짜기 아픈 기억 묻었는가

늦은 밤 이마저 꺼내어
달래 주려 해도
못된 세월 어쩌지 못해
또 다른 비감 밀려와, 장맛비 젖는다

바이러스

그녀는 천사처럼 내리더니
사랑의 종탑 높이 쌓고
선녀의 옷가지 남긴 채 떠났다

지나온 수십 년 세월
한 편의 무성 영화
삽시간에 펼쳐지고
이것은 변사도 없는 짧은 영상이었다

이후에, 계절 바뀔 때마다
바람색 수상한 저녁에도
소소한 유행성 질병에도 깊은 몸살 앓아

그녀는 저미는 사랑의 순간들 새기며
뿌리칠 수 없는 바이러스도 심었다

밤새 끙끙대는 날이면 원망도 하련마는
이런 마음 도무지 들지 않았다
되레 지켜 주지 못한 애환에 울었다

그녀의 병고 같이 지는 것도 괜찮아

그것을 사랑이라고 누가 말하던가

아니다, 이는 운명이라 말없이 안고 갈 뿐이다

사랑, 사랑아

잊으려 애쓴다고 잊히면
그래, 사랑이 아니다

뇌리에 지워진 줄 알았지
세월 적잖이 지났다
한데도 다름없는 모습

살짝 패인 핑크색 셔츠
걷어 올린 가는 팔목
보시시 돋아난 솜털
당신은 내 사람, 기다렸어
수줍은 듯 배시시 웃으며 다가선다

꿈인가, 꿈이 아니다
몽중이면 이렇듯 생생할까

아이 안고 낯선 항구까지 왔다
버스 고장 나 걷기도 하며
오랜 시간 여정이었어도

지치지 않은 밝은 얼굴
눈동자 방긋 당겨 안네
당신은 내 사람, 땅끝이라도
수줍은 듯 환히 웃으며 다가선다

떠났다, 아니 이 방에 있느니
원래 애교 교태 모르는 여자
부끄러워 표현도 서툴고
어느 날 섹시한 속옷 입었다
당신은 내 사람, 한눈팔면 안 돼
수줍은 듯 살포시 웃으며 다가선다

항암 치료, 머리카락마저 다 빠져
병원 갈 날 되면 잠 못 이룬다
늦은 밤 그래도 따뜻한 가슴
마지막인 양 꼭 품어 주고
당신은 내 사람, 잊지 않을래
아파도 살갑게 속삭이며 눕는다

그런가, 언제나 함께 있어야 사랑이다

하늘은 보았다

일어서지 못해 안고 지내야만

그래도 살아 있어 감사해요

괴롭고 힘든 날들이라도 하늘에 기도했다

제대로 먹지 못하니 핏줄도 얇아

주사 꽂을 때마다 파란 멍 꽃

바라보기 애련해도 참으라 했지

그래도 함께 있어 감사한 날들

괴롭고 힘든 날들이라도 하늘에 기도했다

골수 깊이 깨끗한 세포 뽑으려면

참을 수 없는 아픔 이겨 내야 해

그래도 희망 있어 감사한 마음

괴롭고 힘든 날들이라도 하늘에 기도했다

이제 돌아와 활짝 핀 철쭉 보며

향기로이 살겠거니 하는데

질시의 화신 모질게 다가서

그래도 잠시 꽃향내 만져 보아 감사했어요
괴롭고 힘든 날들이라도 하늘에 기도했다

이처럼 오고 가는 삶의 변곡점에서
무너지고 깨지며 끝내 스러지는데
당신은 어디 계시어 착한 이들 애원 외면합니까

아니 그대는 알아보지 못해도 다 보고 대답했네
때로 말없는 향기 달래는 바람 저녁녘 선연한 구름

보드라운 달빛 잔잔한 영혼의 교감마저
얼마나 살고 부유했는지 그다지 중한가
끝없는 행복과 평화의 길로 그를 이끌고 맞이했다

바다는 이별을 모른다

뱃고동 길게 울리고 부두는 배를 밀어낸다

하얀 제복 오색 끈 천천히 풀어지며

놓치지 않으려 애써도 끝끝내 나풀거리고

곱게 차린 처자들 멀어지는 뱃머리에 말문 잊는다

한 달 두 달 하더니 일 년이 지난다

갈매기 울음 잠시려니 했다

수평선 한 점이 되어도

처음에는 낭만과 추억이라 여겼지

혼자 지새우는 밤 길어지며 사랑도 출렁거린다

항구에 닻을 내리고 먼 불빛 바라본다

하나 되어 걷던 남포동 거리

별빛은 생동하고 밤공기 향기로워

때 묻지 않은 시와 노래, 한 편의 영화가 그립다

바다를 택했을 때 그를 몰랐다

멀리서 본 바다는 신사였다

그리움 안고 사는 멋진 사나이

일생을 그처럼 늙어도 좋을 것 같았다

또 다른 인연은 오랜 사랑을 잊게 하는 최면제
어느새 바다는 번민이 되고 높은 담장이었다
그는 그대로인데 낯설게 다가와 달아나고 싶었다

해 질 녘 붉게 일렁이는 바닷가 모래밭 찾는다
도망치듯 그를 떠나 맘껏 지내려 했지만
이른 장대비에 한 사랑은 꿈꾸듯 떨어지고
그동안 무심했던 너른 바다 홀연히 서성이는데

돌아온 그대는 예전의 모습 보이지 않아
감정도 바래 멜로에 눈물짓지 않으며
절절히 젖어 드는 외로움 사랑마저 믿지 못해

그래도 파도는 다름없이 바람을 내보낸다
미피람은 엄마 손처럼 볼을 쓰다듬고
몸살 앓는 심장 꼭 끌어안아 다독인다
그대는 멀리 떠나갔어도 바다는 이별을 모른다

가을, 낙엽을 걷다

가을 늦은 바람 나직이 불어 날려
바짝 마른 잎새 바스스 떨구고
감성 잊은 바쁜 걸음도 당겨 멈추게 한다

언제나 요맘때면 떨어지지 않으려오
시무룩한 가지가지 주름 깊어지며
다가올 찬 기운에 고목은 미리 몸살 앓는데

나무 깊은 속병 누구는 아는지
낙엽은 요기조기 모여 앉아
달빛 아래 바스락 부스럭 귀엣말하네

그러고 보면 스산한 거리거리 풍경에도
달려드는 우수가 왠지 정겨운 까닭은

결결이 눌려도 피어오르는 짙은 가을색
나뭇잎 빨간 혼불의 잔영 미련이 남아

묻어 둔 살가운 이야기들 꿈꾸듯 들려주고

가을 낙엽을 걷는다, 나뭇잎이 가을을 걷는가

눈꽃

눈을 밟을 때마다 사연 올라온다

깊은 땅속 냉기 꿈틀거리고
꾹 눌러둔 아픔들 치올라
두툼히 감싼 심장 소스라치게 한다

꼿꼿한 고목도 가쁜 숨 몰아쉬더니
견디다 견디다 우수수 눈꽃 떨군다

멀리 가로등 아래 아이들
천진한 동심 마냥 좋아
철 만난 강아지처럼 뛴다

떨어지는 눈꽃 맞으며 까르르 웃는다

돈바스 차가운 땅 눈보라 몰아쳐
근근이 남은 온기마저 밀어내고

까맣게 탈진한 영혼들 기도할 힘도 없다

새하얀 눈꽃, 포화에 물들어 선연하다

흰 눈은 새겼다

유난히 춥고 눈 많이 내린 겨울

소식 없는 그이 살아 있는지

까맣게 탄 참호 겁 없이 찾아가

새댁 작은 발자국 흰 눈 깊이 새겼다

청상과수 기나긴 가슴앓이

외로움 보듬는 이 다가와

잠시 연분홍 철쭉 만발한 날들아

고향 가자 지아비 따르는 길

그해 유난히 눈 수북이 쌓여

아이 업은 발자국 흰 눈 깊이 새겼다

당치 않은 집안 내력 보따리 싸려 해도

자식 눈에 밟히고 박복한 팔자 탓이려니

이렇게 다독이는데 난데없는 비보

그해 겨우내 눈 모질게 쌓여

보따리장사 해진 발자국 흰 눈 깊이 새겼다

무심한 세월 물정 바뀌어 눈 덮인 들판도

마냥 운치 있다 철없이 콧노래 부르고

고생스럽던 겨울 기억 저편 밀어붙여도

흰 눈은 여인의 한숨 잊지 못해

혹독한 눈길 가족밖에 모르던

꾹욱꾹 꾹꾹 발자국 소리 바람결에 실어 전하네

아카시아

아카시아 꽃향기 자욱할 때
빨래 머리 이고 골짜기 올라

자식들 많은 옻가지
더욱이 아들뿐이니
혼자 매일 치르는 일
한번 고된 내색 안 하시고

널찍한 바위 빨래터
무성하게 뿌리 내린
치렁치렁 하얀 꽃송이들

어머니 그 틈에도 자식 생각
싱싱한 꽃들만 꺾어 모아
달짝지근한 고운 떡 찌셨네

그래도 그때는 물도 맑고
개울가 나갈 기운도 있었지

하지만 어느 세월의 파고에

반신 못 쓰는 병이 왔는데

돌아보니 마지막까지 살림살이 놓지 않으셔

그렇게 사는 모습 아름다운가요

아니면 고달파 안쓰럽게 보이나요

당신이야 이런저런 생각할 겨를 없어

아이들만 바라보며 사셨을 테지만

어머니, 이제 조금 철이 들었나요

아카시아 진득한 향기 맡으며

그리운 사모곡 사무쳐 오르니

이 노래 어머니께 정성껏 바치옵니다

산비둘기

아버지 꽃상여 고개 넘는 날
산비둘기 서럽게 울었더래요

어머니 민둥 상여 개울 지날 때
그날도 이 녀석 그렇게 울었더래요

젊은 아내 작은 상자 둔덕 오르는데
웬일로 그놈 숨죽여 울지 않았더래요

차라리 꾹꾸욱 꾹꾹 크게 곡하면
막힌 가슴 뚫려 속 앓음 삭이련만

그래, 서러움 끓어오르면 눈물도 잊어
너는 울지 않고 멍하니 고개 돌리느냐

장미의 기도

바람 거친 벌판 당신을 만난 순간부터
가슴 깊숙이 사랑의 싹 살그미 움텄네

혼자 걷는 숲속 당신을 만난 그때부터
둘레둘레 청랑 새소리 틈 없이 노래했네

몸서리치는 밤길 당신을 만난 시각부터
천사 날개 감싸 평화 밀물처럼 다가왔네

유한한 삶 피할 수 없는 생로병사
당신을 만난 동틀 녘부터
살아갈 의미 문득 깨치고
여명 들이켜며 소생의 기쁨 춤추었네

이리하여 날마다 숨 쉬는 마디마디
쉼 없이 당신만 바라고 기도하오니

비치지 않아도 빨간 사랑의 장미
그 모습 그대로 활짝 피어나

어느 때 어디에 임 뵙더라도

부끄럽지 않은 향기 가득 안기게 하소서

상사화

아버지의 침묵

꾸지람도 하고 달래도 봤다

심약한 아이 학교 떠났다

고생을 해 보면 돌아오겠지 기대했다

고통스러운 날들 이어졌다

막무가내 어긋난 길 갔다

아비 말은 원수같이 여겨

어디서부터 잘못됐는지 알 수 없다

굽이진 세월 지나며 아비는 말문 잊었다

피 엉긴 맨발 언덕 오른다

해는 따갑게 내리쬔다

헤진 어깨 앙상한 뼈마디

뒤얽은 나무 온몸 짓이겨 눌러도

엄정한 아버지 말씀 한마디 없다

눈앞이 아찔해 기어코 넘어진다

입술 깨물고 일어서려는데

눈 익은 그림자 통나무 지고 비틀비틀

아버지, 언제부터 이 길 따라오셨어요

힘든 아들에게 무슨 말 필요해

침묵의 고통과 아버지 사랑

아비의 끝없는 기다림 너는 아느냐

분꽃 만나다

비라도 내리길 기다리는 무더운 밤

이 계절 맘에 닿는 꽃 만나기 어려워

그래도 간간이 피어 있는 데이지

위로되려나 바라보며 걷는데

멀찍이 노랗고 붉은 꽃무리 다가선다

반가운 심정 발길 멈추고 마주 보니, 분꽃

어쩌면 요렇게 깜찍한 빛깔

그동안 어떻게 참고 살았어

고운 자태 남부럽지 않건만

마음의 벽 가리어 숨어 지냈느냐

그렇구나, 모모보다 뒤처지지 않아도

어느 집 아이들도 용기 없어 골방

돌아보면 자유롭고 넓은 세상

걷고 뛰며 신명나게 살아도 길지 않은 삶!

소심하고 가녀린 심성

누가 알아주려는가

이제 나왔으니 맘껏 향기 뿌려 보아라

집에 가는 길

면역 질환 진단받고 집에 가는 길
졸고 있는 좌판 할머니 지나
아름드리 우거진 나무 사이 걸어간다

너른 잎새 출렁이며 내내 바라보고
쫑긋쫑긋 청설모 귀 기울이며
어깨 스치는 보드라운 바람 손
누구야, 기운 차려라 안타까워하는데

어디 머물러도 저들만큼 관심 갖는 이들 없어
일터는 건강하고 실적 올릴 때 반겨 주고
동창들 모임도 이야기 낄 수 있어야 어깨동무
피붙이 형제들도 이방인인 것은 결국 마찬가지인가

여기저기 앓아 쓸모없어지면
속히 돌아가는 것도 축복!

자유로운 세상, 개인주의 만연
재물이 최고야 외치더라도

생기 없고 외로워지는 날

우리네 빛바랜 사랑의 사조도

그다지 나쁘지 않음을 깨닫게 될까

저벅저벅 발자국, 풀잎의 소스라침도 기억하라

집에 가는 길 숲의 정령들

다시 일어설 힘 내주려

값없이 바람 없이 보듬어 감싸는데

두 발 걷는 종류들은 서둘러 지나친다

흰 장미는 꿈꾸지 않는다

고아한 청년의 꿈 꽃피우려 했더니
지나는 풀벌레조차 가만두지 않고
기어이 여기저기 가뭇하게 파고들었다

단출한 삶 욕심 없이 지내려 하는가
호랑나비마저 얄궂게 비껴가지 않고
기어이 여기저기 달라붙어 지근덕거리며

누구에게나 따뜻하면 헤프다 이르고
세상사 멀리하니 답답하다 말하네

그래 뜻대로 안 되어 한적한 숲 찾아도
꾹꾸욱 꾹꾹 멧비둘기까지 쫓아와 잡아
기어이 고향 진지들 염려 뒤돌아시게 힌다

이렇듯 흰 장미 순백색 꽃 피려 해도
온갖 걱정거리 놀림거리 구실거리
어우러져 살아야 하는 존재의 숙명

이러하여 꿈꾸지 말아라

꿀벌 날아와 앉더라도

흙먼지 바람 불어와도

얼룩질까 심려 저만치 두고

그대로 꽃잎 새 머무르게 하자

멀찍이 바라보면 이들도 하얀 꽃 둘레

달콤한 향기에 매여 떠나지 못하는

어느 시인의 한 점 한 획이라 비치리

상사화

벼랑바위

땅은 토하고 센바람 밀어붙여
끈덕진 시름 고된 작살비
소스라치게 달려드는 뇌성
아슬아슬 바위 벼랑 끝 걸렸다

그래도 이이는 원망하지 않느니
어떻게 밀려 올랐는지 몰라도
아늑한 땅 밑 둥지 보채지 않고
달콤한 숲속 암내도 시들하게 여긴다

여기 동틀 녘 고동치는 빛살 맞으며
밤이면 어깨 감싸는 누님 달빛
은하수 물가 도란도란 밝히고
낮에는 굽이치는 푸른 골짜기 잠기는 기쁨

태어난 모습대로 평화로이 묻혀 있으면
두려워 솟지 못하고 그대로 가라앉으면
이렇듯 경이로운 풍광의 호사 과연 누릴까

그러해 가끔 떠남도 해 봄 직하다

때로 박차고 나서는 것도 괜찮아

고행길 봉우리 올라야 내려다보고

얼마나 대단치 않은 것 매여 사는지 알게 된다

상사화

민들레는 말한다

푸른 하늘에 감히 물었다
당신의 은혜는 어디 있어
어진 이들 핍박받는 삶
언제나 그대로입니까,
그이는 아무 대답 없었다

지나는 바람에 돌연 물었다
당신의 생기는 넘치는데
착한 이들 곤궁한 삶
정녕 그대로입니까
이도 또한 아무 대답 없었다

밝은 빛줄기에 대놓고 물었다
당신의 열정 대지 적시건만
여린 이들 애통한 삶
지금도 그대로입니까
이 역시 아무 대답 없었다

적시는 빗물에 부단히 물었다

당신의 온정 수풀 살리더라
한데 가난한 이들 병고
변함없이 그대로인가요
아무 대답 없이 비는 계속 내린다

이렇듯 봄비 맞으며 걸어가는데
따사로운 햇살 구름 새 비추고
앙증맞은 민들레 넌지시 말 건넨다

지난겨울 춥고 메말라 그대로 스러지나 했어도
철 바뀌니 납작한 맵시 햇살 닮은 나래 펼쳐
이제껏 슬픔 모두 삭이고 감사의 숨결 내쉰다네

그대들도 여기 잠시 새로운 지평 열릴 때
화사하게 꽃피지 않는다고 뉘 장담할까

이렇게 솔깃한 노랑 꽃잎 산뜻한 미소
솔솔 부는 미풍에 상처 위로받으며
희망의 종이배 찰랑이는 물가에 띄우니이다

  상사화

국화를 보며

가을걷이 축하하듯
물결치며 피어난
찬란한 노란 꽃송이야

이러해도 돌아보면
그대는 지난날
화단 한구석
볼품없는 잡풀 같아

누가 그 모양 보며
이렇듯 탐스럽고
가슴 따뜻한 노랑
상상이라도 하였을까

인생도 그와 같으려니
천대받는 시절도 있어

그래도 참고 견디며 살아가노라면

언젠가 황금빛 꽃향기

환희의 숨결 내쉬며

은혜의 날들 보내지 않겠느냐

상사화

바위에 서다

향긋한 숲 내음 담뿍이 안고 청아하게 흐르는 수정 계곡 각기 모양새
내세우며 굽이굽이 천만년 신비 기적처럼 다가서는 바위의 물결

그이들 억센 빗줄기에도 무너지지 않고 우레 쇠망치도 참아 냈다 휩쓸
어 가는 수마에도 터전 지키며 맹렬한 포효 몰아쳐도 수려한 기상 꺾이
지 않는다

이런 모습 닮고 싶은 선비 금모래 물빛 너른 바위에 단출한 집 깃들여
청정하게 살려 했으나 소인배들 믿지 않았다 아니 가까운 친구들도 미
심쩍은 눈치, 기어이 비바람 몰아쳐 독배 들었다

왕권 관심 없어 속세 떠났다 집을 지으면 곁눈질할까 아예 바위굴 들기
로 했어 한데도 무뢰배들 달려들고 제자들조차 다그쳐, 끝끝내 모래바
람 언덕 조롱거리 매달렸다

그러한가 칼 베듯 끊을 수 없는 것이 관계의 굴레, 바위는 무심히 건던
다 해도 우리네는 그렇지 못해 깜깜한 굴속에도 질긴 업보 끼어들고 홀
로 품위 지키기도 만만하지 않아

고고하게 산다 천명하여도 들춰 보면 탁한 물풀 틈새 미꾸라지 잡고 왁
자지껄 저잣거리에서 세간붙이 구하지

지금도 혹자들 바위 위에 집 지으려 겁 없이 나선다 과연 떠날 수 있어
인연 쉬 끊어질까 누가 흔들지 않으려나, 차라리 그 위에 우뚝 서서 돌
기둥 되련다

상사화

하늘은 잠들지 않는다

밤새 별님도 숨죽이고 울지 않았다

구급차 소음도 웬일 잠잠했다

환자들 흐느낌 들리지 않고

메르스 기침 소리만 요란해

사신의 그림자 회색 물안개 자욱한데

하늘은 어떻게 잠들어 모르는 체하는가

가해자와 피해자 반대로 서 있었다

목격자 없으니 맞고도 붙잡혔다

거짓 증인 선서하여도 무기력

진실은 밝혀진다 허망한 바람

수갑 포승 묶여 삶이 무너져 내렸다

그날도 하늘은 잠들어 모르는 체했는가

수년간 정성 다 바처 매달렸다

돌보는 이가 병나 바둥거렸다

희망의 천사 슬며시 다가와

아픔은 옛일 될까 기대했지만
분홍빛 소망 무참히 깨져 버렸다

이래도 하늘은 잠들지 않았다 말하려는가

이렇듯 맺힌 원망 밤하늘 때릴 때
굵은 빗줄기 찌든 세포 깨우고
젖은 산바람 처진 어깨 감싸며
입술 스며든 빗물 심장 깊이 어루만진다

그런가, 하늘은 토하지 못해 뒤돌아 눈물 흘리는가

큰 눈동자 세상 다 담아도 뉘 알아채지 못하고
자연 내려다보면서도 그대로 두는 슬픔
때로 몰아치는 파도마저 섭리에 맡기느니
그대가 하늘이라면 과연 편히 잠들 수 있겠느냐

상사화

빗물, 바다로 가다

사막의 열기처럼 뜨거운 하루

으르렁거리는 아스팔트 도로

웃통 벗어던지고 다투는 이들

누가 저들 달래고 가라앉혀 주려는가

승냥이처럼 날카롭게 노리는 동자

오로지 물어뜯어야 직성 풀리는

깊은 상처 주고받는 피폐한 군상들

누가 저들 달래고 보듬어 삭여 주겠는가

사십 오십 이제 돌볼 나이인데

캥거루족 빨대족 놀림감이라

골방에서 지내는 무기력한 자녀들

누가 저들 달래어 껍길 께게 할 더인기

그래, 장대비 주룩주룩 쏟아지더라도

응어리진 사람들 우산 쓰지 말아라

생기 없는 사람들 마냥 걸어 보자

서러움 많은 사람들아, 고개 들어 빗줄기 삼켜라

이렇듯 온몸 빗물 적셔 걷고 웃다 보면

시커멓게 그을리고 쪼그라든 가슴들

잠시라도 숨통 트여 크게 내쉬게 된다

그때 구름 걷히고 비는 잦아들며 속삭인다

그대들 말 못 할 사연 짓누르는 일상들

누구도 끼워 주지 않아 외톨이 된 비애

씻어 담아 흐르고 흘러 너른 바다로 가려니

언젠가 용기 나면 호젓한 갯가 찾아와

멀리 보면 별반 다름없는 삶일진대

맨몸 가벼이 유영하는 푸른 파도 그를 만나라

상사화

희망봉 만나다

대륙 최남단 지나가는 먼 바닷길
대양도 줄곧 황천 지치게 한다
요동치며 달아오르는 갑판
뱃머리 꺾어야 목적항 향할 텐데
글자 그대로 희망봉 언제 만나려는가

자유로움 이렇게 귀한지 몰랐다
젊은 정념 뜨겁게 치오른다
풀장에 바닷물 담아 뛰어든다
짠물 적셔도 가슴은 식지 않아
기다리는 희망봉 언제 다가서려는가

아득한 바다 끝 봉우리 나타난다
무선 전보 보내고 받았다
오랜만의 소식 가슴 적시네
위로 향한 항로 다시 돌아올지라도
넘실대는 파도 헤치고 그는 희망을 선물한다

모래바람 휘몰아치는 광야 바다 서 있다

사방 벌판뿐 아무것도 보이지 않아

나침반도 없는데 기운마저 달린다

예전 바위산에 물이 솟는다고 들었다

오른편에 길도 있다고 했지, 희망봉이다

눈에 띄지 않아도 그를 붙잡고 가야 한다

이마저 놓으면 다리 풀려 쓰러진다

다행히 푸른 밤 한 별을 보았다

그이가 손짓하는 방향 무작정 따르고

달리 길 찾을 여유도 기력도 없어, 별빛이 침로다

어슴푸레 지평 바위산 드러난다

애태우던 봉우리인가

무슨 힘이 남아 달려간다

희망봉이다, 얼싸안고 펑펑 울었다

삶을 돌아보며

제2부 돌섬

지난 세월 돌아보아 모두가 기적
태어나지 않았더라면
피고 지는 꽃잎의 향연
만지지도 상상할 수도 없어, 찬미드려라

어린 시절 떠올려 감사뿐이다
어머니의 아들 아니었다면
깊은 사랑 어디서 배웠을까
자식밖에 모르던 일생, 몹시 그리워

우연인 듯하여도 필연인 만남
친구로 연인으로 살아
나뭇잎 떨어지는 호젓한 길
저물녘 혼자 긷디라도, 아름디운 날들아

동틀 녘 햇살은 가슴 벅찬 선물
눈뜨지 못하면 어디 가려나
볼 스치는 아침 공기가 반가워
오늘 주심은 내일의 채비, 소중한 시간

이렇듯 이어 가는 우리네 삶

하루하루 어떻게 살아야

한생 부끄럽지 않은 모습

하늘 처소 찾을까, 십자가 기도하네

상사화

구도자

구도자

아스라한 지평 끝없이 걸어간다

세찬 모래바람 얼굴 때리고

뜨거운 햇살 온몸 지지는데

이토록 고달픈 길 걷는 이 누구인가

오르고 올라도 끝이 보이지 않는다

먹구름 낀 하늘 장대비 뿌리려나

밑동에 걸리고 돌 더미 미끄러지며

이토록 험한 산길 오르는 이 누구인가

누구도 가라고 밀어 대지 않았다

아무도 동행하지 않고

어느 이도 이끌어 주지 못하는

이토록 외로운 고행길 찾는 이 누구인가

돌아서 화려한 도시 나가면

믿음직하며 훤칠한 장부

매력 넘치는 홍안 청년

멋들어진 신사의 매무새

고혹스러운 무도회 주인공이라도

그이는 모든 것 뿌리치고 진리 구해 전하려네

어느 날 태양 중천 내리쬐고
아우성치는 군중 둘러싸여
쇠사슬 묶인 채 말없이 걸어가는 이

무엇이 그를 여기 데려와
온갖 수모 견디게 하고
끝내는 나무 기둥 매달리느냐

그이의 잘못이라면
너무도 천진하구나, 탐욕 모르고
절절히 순수해 진리의 길 좇아
올곧은 심성, 사랑 위해 목숨 바친다

이렇게 아름다운 이여, 하늘의 사람아
그대가 뿌린 값진 진리의 씨앗
이 땅에 널리 꽃피어 만발하여라

부르심

어느 날 다가오신
사모하는 그분께
오로지 사랑으로
수줍게 나선 걸음

도시의 우아함이
옷깃을 잡아도
애틋한 사랑이
서럽게 불러도
돌아서지 않아요

때로 힘에 부치고
외로워 몸서리쳐도
한 가지 순정으로
끝까지 임 따르며

혹여 보고픈 그분
멀리 스쳐 지나도
미소한 향기만으로

기쁘게 이 길 갑니다

갖가지 뽐냄에
가려진 단순함
검고 흰 자락에
부끄러움 감춘 채

미련과 가난으로
한껏 차려입고
그저 아이처럼
임만 바라보면서

사랑에 목숨 바친
여인의 절개여
초연한 매무새
먼 길 홀로 떠나니

임이여, 무어라 해도
당신 숨결만으로
나는 행복하여라
환희의 송가 바치나이다

멍에목

멍에 메인 황소 한가로이 풀 뜯고
잔잔한 풍경 소리 아늑한 숨결
파란 하늘 흰 구름 아홉 봉우리
수정 계곡 굽이치는 태고연한 두멧골

외지고 감춰진 깊은 피난처 찾아
사랑 많고 어진 품성 지닌 분들
바지런히 갈고 씨 뿌리며 살아가려니

사랑이 멍에 되어 가진 것 다 버리고
오직 몸뚱이 하나 가솔 이끌더라도
맘껏 기도하고 찬미드릴 수 있다면
이보다 더한 인적 없는 땅끝이라도 괜찮아

하더라도 어느 날 꽃바람 광풍 되어
처자식 바라보는 그렁그렁 눈물
사랑의 멍에 내던지면 그만이련만
우직한 황소 뒷걸음질치지 않고 나서는데

높고 푸른 중천 구름 한 점 없었다

낭랑한 물소리 울먹이지 않고

묵묵히 짙고 창창한 누백 년 소나무

그분들 사랑도 땅에 뿌리내려 되살아났다

매화 – 수난

때 이른 봄날
새잎 돋기도 전
하얀 봉오리
곱게 터트리고

감출 새 없어라
일 편 단 심
홍자색 받침
고결히 드리우며

소생하는 이 계절
그래도 청춘이건만

향기로운 꽃 풍경에
마음 줄 겨를도 없이

무엇이 그리 급해
한사코 붉은 핏줄
새하얀 겉옷 뿌려 적신

어느 바보 같은

현자의 한생

달래 주느냐

기려 피어나느냐

매화 - 순교

돋아난 가지가지마다
그림 같은 하얀 꽃
요기조기 피었구나

얽은 껍질 가만히 만지며
과연 고운 꽃 소생하려나

개화의 순간까지
걱정되어 살폈으련만

봉오리 내밀며
야무진 꽃잎
다소곳이 펼치고

창조주의 손길
오묘하심이여
너를 만나 새긴다

한데 그대는 어떻게

새잎 나오기 전
꺼칠한 나무에
화사한 꽃 피웠느냐

이 모습 마주하려니
거슬러 그 옛날
선구자들 향기 그리워

그분들 꼿꼿한 나무 기풍
휘어지기보다 부러지거라
흔들릴 바에는 무너져 지키리

이처럼 스러지더라도
찰나라도 임 떠나지 않고

연약한 입술아
죄짓지 못하게
주님 계신 곳
어서 데려가소서

이리하여 소원대로
바람꽃 일어나고

광풍노도 밀려와

낙화처럼 떨어지는데

어찌하여 그 자리

수려한 흰 꽃

붉게 물든 백의에 피어나는가

상사화

매화 - 봉헌

녹갈색 가지가지
앙증맞은 꽃망울
바싹 붙어 내밀더니

어느덧 창가 고목
여기저기 꽃 잔치 벌여

새하얀 다섯 잎에
깜찍한 노란 꽃술
상큼한 미소 띠고

홍자색 꽃받침도
동여맨 치마인 양
봄날 청춘 남녀
설레게 하는구나

봄날이라도 삼월은
나들이 이른 계절
때로 바람은 차고

봄비에 한기 스며드니

뽀얀 겉옷 자락
곱게 여미어도
엷기만 하여라
염려되어 바라보면

임아, 이리 약해 보여도
심지 굳은 여자랍니다

세찬 꽃바람 밀려와도
여문 줄기 그대 사랑
꼭 안겨 떨어지지 않으려오

그래 날려갈 듯 잔 꽃잎
이러해도 굳센 절개
선비의 기개 못지않아

그리하여 언제던가
높이 솟은 나무 끝
안타까운 정절의 사연

상사화

뿌리 깊은 둥치
진홍색 선혈
끝없이 타고 내리니

외아들 바치는
어머니 눈물
하얀 꽃 되어
선연히 피어오르고

먹구름 몰려와
꽃잎 적시고
바람 불어라
흙먼지 휘몰아쳐도

한결같은 꽃내음
순명으로 감돌아

하늘의 주님이시여
정결한 여인의 봉헌
고이 받아 주시누나

배롱나무꽃 날리다

쏟아지는 햇살도 막지 못했다

몰아치는 더위도 이겨 내고

비바람 들쑤셔도 꺾이지 않아

그래, 모진 세월의 풍상 가운데

꼿꼿한 정기 지키려 한 이들

한결같은 심정 부끄러움 없이 살려 했다

미련하다 물정 모른다 해도

임 앞서가신 순명의 한길

우직한 사랑으로 따라갔다

이리해 그이들 지나는 길목

흙먼지 자욱이 피어오르고

무시로 세찬 빗줄기 몰아치더라도

그 사연 아는가, 충심 달래는지

한낮 불볕 아랑곳없이

예사롭지 않은 진분홍 꽃잎 산천 날리네

배롱나무꽃 바라다

그대 언제 오시어도 반갑지만
구태여 날을 정하라 하시면
무더운 여름날 오시라 할 테요

그래야 봄철 꽃무리 새
길 잃을까 염려 없이
오랜 세월 기다림 희망 두지요

더구나 밤이 짧은 시절
서둘러 오시는 그대
혹여 모를 산짐승 염려 줄이고

폭염에 지친다 하여도
그대 진정 무엇인가
땀방울 머릿결로 올올이 닦아 새기려니

이런 소망 가지가지 곱게 돋아
짙은 분홍색 살갑게 여미어
잔잔한 꽃잎 석 달 열흘 기도합니다

배롱나무꽃 올리다

세찬 빗줄기 어깨선 때리고
따가운 햇살 살갗 찌르며
때로 바람마저 몰아쳐 들쑤신다

이러해도 그이는 제 갈 길 간다
눈 감고 귀 막아 모른 체하는지

아니 꽉 다문 입술 말문 잊었다 할까
아무런 미동 없이 하늘만 바라보네

이렇게 해지고 타들어도
묵묵히 귀한 숨 돌아
아로새긴 마지막 열망
진분홍 잔 꽃잎 담뿍 피어 올린다

석양의 꿈

찬란하게 솟아오른 홍안의 태양

청아한 음색 골짜기 적시며
철 따라 고운 옷 차려입는
우아한 여인의 대지 몹시 사랑하여

높이 빛나 내세우기보다 저무는 시간 기다렸다

이리해 저녁녘 땅과 해 부둥켜안으니
그이들 온몸 물씬물씬 달아오르고
묻어 둔 해후의 정염 지평선 끝없이 뿜어낸다

산과 들, 강물, 너른 바다야!
불그레 사랑의 불길 타올라라

그지없이 다정한 태양이여, 대지야!
하늘 아래 빨갛게 지새워
두런두런 손잡고 갯가 거닐던
때 묻지 않은 석양의 꿈 여물게 하려무나

초련(初戀)

상사화

감미로운 임의 향기
설렘 가득 나선 발길
천리만리 막지 못해

쉬 뵈려니 하였는데
어느덧 기약 없어라
가슴팍 치는 그리움

모진 세월이라도
가벼이 흔들리면
풀잎도 우습게 여기리

한결같은 지조 하나
흠 없는 고결한 연모
떨기 불길로 타올라

다 태우고 재 날리어
알아보지 못하여도
돌아보지 않으련만

단심 향긋한 바람이여

하얀 나래 안기고파

그분 숨결 기다립니다

사랑은 말한다

얼굴은 까맣게 타들어 가고 심장 콩닥거려

하루 아니 잠시라도 떨어지면 살 수 없어

이런데도 아직 사랑 아니라고 당신은 말합니다

새벽녘 새소리에 잠 깨어 간절히 기도하고

늦은 밤 잠들기 전 그지없이 생각하며

향기로운 꽃 보면 감미로운 시를 씁니다

그런데도 아직 사랑 아니라고 당신은 말합니다

맛난 것 좋은 것 예쁜 것 다 주고 싶고

흥겨운 잔치도 혼자이면 시들시들

그이 동행하면 모래밭도 푸른 초원

이리해도 아직 사랑 아니라고 당신은 말합니다

날개옷 입고 하늘하늘 금은보화 선물하고

손 내밀어 천만년 함께 살자고 하여도

오직 가난한 그이만 사모해 따라갑니다

이런 모습 사랑에 가깝다고 당신은 끄덕이네요

어느 폭풍우 몰아치는 날 소식 없는 돛단배

먼바다 그이 찾아 목숨 걸고 떠납니다

억센 바람 부딪히고 거친 물살 헤치며

이제 비로소 그것이 사랑이며 당신의 향기라 미소 짓습니다

사랑의 시(詩)

어느 날 밀려온 실바람에
들뜬 가슴 고동치며
붉은 그리움 타올라도

혹여 순간이라도 잊히는가요
그는 사랑에 빠진 게 아니라오

우연한 만남일 뿐이려나
어쩌면 천년의 인연인가

운명으로 다가서지 않는다면
영혼의 사랑 아니랍니다

오랜 세월 달리 살아왔기에
습관과 이상 차이 나요

쉬이 받아들이려 하지 않아
그건 일그러지는 사랑이더라

돈독한 사랑이라 말하며
오랜 병구완 한숨 쉬면
사랑 입에 담을 자격 없어

진정한 사랑 노래한다 해도
빛나는 왕홀 마음 뺏기느냐
사랑은 허울 좋은 장식이려오

어느 이들은 사랑한다고
연인을 매어 두려고 해
그것은 사랑 아닌 욕심

영민한 이들 계산도 자못 밝아
만날 때 이해 먼저 따지기도
당신은 사업을 사랑이라 하네요

사랑 그만으로 충분해
바라지 않고 주기만 해도
늘 부족하고 아쉬워라

이리 사랑한다고 언약하는 이들아
그 사람 위해 다 버릴 수 있느냐

끝까지 인내하고 사랑하며
그이 위해 목숨 바치려니
이제 사랑한다 일컬을 수 있어

사랑하는 사람 하나이니
그의 웃음 당연 내 기쁨
아픔도 함께 나누며 살아가고

그네들 심장 몹시 뜨거워
한시라도 못 보면 살 수 없다네

만난 것 보면 먹이고 싶어라
고운 옷에 연신 떠오르며
다 주어도 더 주고 싶구나

거북스러운 냄새라 하여도
그의 내음 어찌 감미로운지

외양 변하여도 여전한가요
다른 이들 눈살 찌푸려도
당신은 한결같아야 사랑이라 말하리

　　　　　　　　　　　　　　상사화

늙고 병들어 망가졌다고
마음 퇴색하여 흔들린다면
사랑한다 말할 까닭 없지요

사랑하니 그의 성공 내 바람
여기에 시샘 어찌 있을까
그저 격려하고 축복하며 기도합니다

돌부리에 걸려 넘어질 때
달려가 일으켜 세우고
내 일인 양 아려 살피더라

그처럼 당신은 너무도 귀한 사람
말 한마디 무례하게 못 하고
가만가만 조심스레 다가섭니다

이런 사랑으로 사는 사람들아
그로 주님의 큰 사랑 배워
가깝고 먼 이웃에 전하거라

그렇게 사랑의 불씨 되어
수난으로 사랑 완성하신

타오르는 성심과 하나 되자꾸나

이리하여 얼음장 같은 영혼들

저들에게 온기 나누어

그분 비원 이루어지고

여기 하늘나라 펼쳐지게 하여라

물의 소회

그는 형체는 있어도 단단하지 않아 우유부단하고 줏대 없는 이들을 비유할 때 들먹여지며 별 볼 일 없는 취급을 받기도 한다 이런 그가 "그래 나 없이 살아 보아라" 말한다 그가 없다면 사막의 열기 어떻게 견디며 일터 땀방울에도 버틸 수 없다 지구는 타들어 가 생명체는 사그라진다

잘난 동물들, 창조의 순서 헤아려 보자 물이 보듬고 뭍이 드러난 뒤 흙을 이겨 저들을 만들었다 그가 없으면 생명의 태동 꿈꿀 수 없었다 진화의 순서도 바다 생물이 먼저였지 조물주께서는 너무나도 정교하고 지고 지선 지혜로워 그분의 뜻을 현인들도 살그미 엿보고 만물인 물의 미덕 칭송했다

말을 못 하고 그저 내주기만 한다고 바보는 아니다 뜻을 이루려 와신상담하기도 어쩔 수 없는 처지 고진감래할 수도 있어 그런데 정말 사랑이 넘쳐 자비를 베풀고 그것이 전부인 이들도 있으니 그들은 만유 주인의 모성 빼닮았다 물도 그렇다, 값없이 깨물리고 버려지며 밟혀 천대받아도 원망하지 않아

어느 날 선인이 다가왔다 "그분의 향내 그지없이 진해 물동이 뒤흔들고 심장 뛰게 했어 가만히 바라보는 눈빛 맑고 깊어 빨려 들어가" 그는 단

한 번 만남으로 수억 년 홀대 가슴속 서러움 사라졌다 이때 절로 솟아
나고 산들바람 불어오니 찰랑찰랑 보드라운 파문 까닭 모를 그분의 수
심 어루만지네

이처럼 오랜 소회 풀어 가는데 선인께서 지그시 손 내밀고 다정하게 속
삭인다 "아이야, 맛깔스러운 모습 갖추어 물동이 너머 세상에 사랑의
풍미 내비치거라" 사실 그 말씀 이르기 전 그는 이미 붉은 사랑의 향취
보동보동 피어 내주고 있었다

이리해 물동이 밖 이웃들 동네 어귀 산기슭까지 달콤한 물 향기 곱게
취한 저녁 풍경화 그리다

　　　　　　　　　　　　　　　　　　　　　　　상사화

바람의 밀어

어디 비롯됐을까 맛도 냄새도 없다 말마저 없으니 그 속내 어림할 길
없어도 그로 하여 무더운 태양 아래 민생은 힘을 얻고 가을 벌판 수확
의 기쁨 노래한다

누가 보냈으리 몸집도 색깔도 없다 보이려 애쓰지도 않아 휘몰아치며
날려도 장대한 모습 그릴 수 없지만 그로 하여 폭군도 두려움을 갖는다

무얼 원하는지 욕심도 차별도 없다 화려하게 차리지도 않고 금빛 왕궁
꿈꾸지 않더라도 그로 하여 신세계의 기적 일어났다

수면 운행하는 바람의 기운 바다와 하늘 나누어 땅을 드러내 생명의 기
운 싹트게 했느냐 휘몰아치는 바람아 물을 갈라 길을 내었고 파도를 일
으켜 군마를 삼켰다

그가 불을 보내니 불덩이도 보였고 물결처 파도로 어거졌다 재앙을 일
으켜 신으로 섬겨졌어도 그는 한 번도 신령이라 칭하지 않았고 숭배받
으려 애쓰지도 않았어

그런데 어느 밤 그는 신원을 드러냈다 거친 파도 울렁거리는 바다, 뱃

사람은 돛대 부여잡고 구원을 청했다 어느 분의 "잠잠해지거라" 한 마디에 바람은 순종했다 그는 권위에 따르는 존재였다

영혼도 없고 형체마저 갖고 있지 않아도 자연히 주어지는 기운, 원천은 하늘, 그도 사랑의 피조물이다

지혜와 기지 넘쳐나 모난 행실 수없이 저지르는 영장보다 영혼 없는 바람이 순수하고 우직하다 그는 여러 형세로 조물주의 뜻을 전하는 이다

눈을 몰고 와 땅을 정갈하게 하고 비를 뿌려 대지를 차지게 한다 스며드는 바람 부패를 가로막고 거센 물결 심연에 생기 불어넣으며 강풍의 위세 경건과 두려움으로 세상을 깨우친다

어느 날 그가 호졸근한 행색 위로하며 귀엣말한다 만물은 사랑의 세계를 위해 지어졌고 나도 그렇다 사랑이신 분의 꿈과 열망을 담아 쉼 없이 일하는 순종의 바람이며 부드러운 숨결로 사랑의 밀어 전하는 시간 가장 뿌듯하다

그리하여 바람아, 소용돌이 말려드는 상처 깊은 영혼들 가뿐히 감싸안아 위로의 나래 푸드덕 구름 위 오르라

상사화

숲의 기도

제3부 구도자

숲은 가만히 바라보고만 있는 듯 보여도 끊임없이 일하고 있다 바지런
히 생기의 원천 내보내고 오염된 기운 들이킨다 값없이 먹거리도 내주
고 맑은 향기 지구를 살찌운다

대지가 숲의 싹 틔우고 햇살이 키웠더라도 그가 있어 저들도 의미를 갖
는다 이렇듯 그들은 너무도 긴밀하여 하나다 떨어질 수도 떼어 내지도
못하고 하나의 상처는 셋의 아픔이다

숲은 어머니 대지를 빼닮았다 한량없이 품고 내어 준다 수억 년 배반의
도끼질 말없이 견딘다 무분별한 오물 쓰레기도 안고 삭히며 몰인정한
벌목도 맞서지 않아

숲은 사랑 바보인가 그렇다 그는 아파도 원망하지 않고 붉게 타들어 가
도 내 덧이러니 한다 수난이 세월 가운데서도 집 없이 떠돌고 배곯는
이들 안아 주고 재워 주며 가난하고 순박한 사람들 피난처 되어 준다

그래, 숨 다할 때까지 사랑하고 보듬어 주리 언젠가 이 마음 알아주면
저들 위해 좋으련만 찌든 숲의 거친 숨소리 들으며 아버지 태양 언제까
지 기다릴까 심판의 시간 이르기 전 배은의 파도 멈추기를 기도한다

흰나리 1

참고 잊을 수 있다면
사랑이라 하지 못해
그렇게 너를 찾아왔느니

혹여 알아챌까 수풀 새 지켜보고
산들바람 땀방울 달래 주며
골짜기 시냇물 무더위 씻어 주었다

쏟아지는 빗줄기 너른 우산 되고
몰아치는 눈보라 온몸 막아섰지

어두운 숲 헤맬 때 등불 밝히고
벌판 쓰러진 너 업고 걸었는데

정녕 아느냐 이 마음
사랑에 목마른 날들
타오르는 불길 누르지 못해

이렇듯 하얀 나리 사랑아

한생 다 바치고 잃어도

너를 볼 수 있다면 더한 기쁨 없으리

흰나리 2

하얀 구름 타고 떠나시어
그렇게 다시 오신다기에
밤낮없이 하늘 바라보면 서둘러 오시려나

약속의 푸른 옥 쥐어 주고
이처럼 다시 오신다 하여
쉴 틈 없이 안으면 꼬옥 오시겠지

이내 가슴 불질러 놓으시고
그렇게 다시 오신다 하여
온통 까맣게 태우려니 기어코 오시옵소서

정처 없는 세월 바람 같은 분
보이지 않으면 어떻게 믿어
그래도 한결같아야 사랑이라 할까요

포동포동 암탉 꼬꼬댁 우는 시절
임 아니 계시니 시름시름 마르고
해 질 녘 붉은 구름 조촐한 정원 휘감는데

그래도 꿋꿋이 첫사랑 앙망하는

새하얀 꽃잎 향기로운 흰나리

살짝 벌린 옷깃 새 자홍 정념 삭이나니

흰나리 3

어린 나귀 고삐 잡고
부르심에 나서는
석양 긴 그림자
붉게 물들어 처연하다

가는 길 어떠하실지
누가 알 수 있으랴
배웅하는 친지들
무사 귀향 기원하는데

차마 가까이 오지 못해
저만치 눈물짓는 이여
멀리서도 빼어난 자색
새하얀 장옷 선연히 빛나고

언젠가 돌아오는 날까지
변함없이 기다리려니

천리만리 떨어져도

사랑은 끊지 못해
변색되면 진정 아니라오

이리하여 가파른 벼랑 끝
무섭게 몰아붙여도
그 세월 영원이라도
흰나리 순백색 본래 그대로라네

하늘의 진달래

진달래꽃 만발한 정원
주님 조심조심 걸으며
송이송이 살뜰하게 만져 주시네

일찍이 맺은 인연
다함없는 사랑아
어느 날 질풍노도 밀려와

달래달래 안타까워
떨어지는 순간까지
분홍빛 순정 바쳤느니

혹여 흙먼지 묻을세라
살포시 받아 내고
하늘나라 귀히 옮겨
정성스럽게 꽃 피우시고

이리하여 순백의 예복
보드랍게 하얀 옥수

진달래 색감 적시어

고운 연분홍빛 하늘에 아롱지더이다

흰나리 - 신랑

새벽녘 이슬 담은 해맑은 신부야
파란 잎새 물방울 떨구듯 사라졌다

한설 머리에 이고 달려온 신부야
붉은 동백꽃 눈송이 녹듯 사라졌다

빗줄기 맞으며 가쁘게 달려온 신부야
여름 하늘 소나기 지나듯 사라졌다

잠시 스쳐간 인연인 양 보내면 편하련만
세월 물처럼 흐르는데 어찌 잊히지 않아

그러하여 신랑 한가지 마음이라오

연을 삼킨 몸뚱이 뜨겁게 타올라도
오로지 하얀 속옷 장삼 차려입고
그녀 찾아 골짜기 구석구석 헤매더라도

누구도 다가와 뒤흔들지 말아라

다시 볼 날까지 마음 지키려니
청천 푸른 바람 흰나리 사랑 고이 전한다

흰나리 – 신부

짧지 않은 세월 풍상

안과 밖 다름없이

당신은 어떻게 이 세상 지내요

때로 숙일 줄도 허튼 미소도

가벼운 거짓 맘 없는 인사도

전혀 인연 없는 바람인 듯

당신은 그렇게 이 땅 살아갑니다

이런 날들 이어지면 또래가 알아줄까

하늘이 기특하다 무시로 지켜 주나요

그래도 한 번 맺은 인연

그분께서 원하시는 모습

가난해도 좋아

외로우면 어때

고아한 신부의 삶!

이리하여 피어오른

새하얀 꽃잎 석 장

받침도 내외 백색

푸른 하늘 아래 초연히 빛난다

흰나리 – 혼인 잔치

천년 세월 변함없이 기다렸다
고운 눈가 깊은 주름 새겼다
길고 하얀 손가락 연륜의 마디 돋았다

검은 머리 흰 눈 소복이 쌓였다
오랜 기다림에 어깨 야위었다
작은 발등 파란 아픔 내비쳤다

그래도 신랑의 눈 신부만 바라봐
고결한 신부야, 부시게 고와라
새하얀 면사포 산들바람 나부끼고
너른 예복 드리우며 혼인 잔치 들어오네

어느 누가 아름다움 감히 견주랴
야멸찬 풍상에 몸은 수척해도
맑고 진한 흰나리 향기 온 하늘 채우나니

성심의 군자란

곧은 정기 실하게 여물고
묵묵히 헤치고 솟아나
해 질 녘 노을빛 물들었다

들여다보면 감춰 둔 날들
군자 귀한 풍모 갖추려
적지 않은 세월 모질게 애썼는데

누가 바른 이를 반기고
언제 오기를 기다리는가

봉황의 꽃 피우려니
모래바람 달려들고
따기운 햇살 온몸 찔러

이러해도 아름다운 분이여
해진 송이 못 이겨 떨궈도
진녹색 잎새 너르게 펼쳐
비원의 말씀 기어이 전한다

성심의 눈꽃

두드리는 눈발 잿빛 하늘
쪽문 때리는 찬 기운
시리게 입김 부딪치고

무엇이 그리워 나선 걸음
발자국 깊숙이 새겨도
눈보라 금세 메우나요

그래도 낙목 마른 가지
촘촘히 쌓이는 눈
이 밤 밝혀 새우면
흰색 꽃으로 어우러지겠지

이렇게 염원한 임이시여
따가운 한창 햇살이어도
한겨울 눈보라 맞고 계신 듯

하얗게 질려 파래진 입술
그러해도 지고지순 사랑아

때아닌 눈꽃 소복이 피어나

어둡고 칙칙한 언덕
눈부신 하얀 꽃타래
영영 잊히지 않으리
이도 지나는 바람인가요

성심의 장미

겹겹이 도드라진 빨강 꽃잎

말 못 할 지난한 시간들

모든 것 알고 있는 슬픔 너는 아느냐

총총히 아롱진 노랑 꽃술

끊어진 수많은 아이들

낱낱이 잊히지 않는 애통 너는 아느냐

울타리마다 흘러내린 꽃무리

가시 찔려 빨갛게 배어나도

에둘러 보듬어 주는 비애 너는 아느냐

빨간 꽃다발 소담스러운 제단

금세 떠나간 빈자리들

내내 기다리는 고독을 너희는 알겠지

장미꽃 출렁이는 계절이구나

어여쁜 빛깔이더라도

사뭇 기쁨만은 아니라

뜨겁게 사랑하니 아픔도 작지 않아

사랑하는 이들 앗아갈 때마다
장미 꽃송이 붉게 피어오르고
고결한 향기 심장 미어져 새겼다

그래, 장구한 세월 흐르더라도
성심의 사랑 변함없느니
축제의 장미 만발한 물가
오늘도 그분은 저 건너 눈물짓고 서 계신다

성심의 홍엽

상사화

저물어 가는 계절
여윈 가지가지
떠날 시간인데
되레 붉게 타오르고

참으려 하여도
솟구쳐 흐르는
깊은 슬픔인가

잊고자 애써도
끝없이 맴도는
못 이룬 연모일까

아니 눌러보아도
다시금 휘젓는
안타까운 비원이려나

그때 주님께서도
나무 끝 가는 숨

상사화

내려놓으시라 해도

파리한 마디마디
도리어 익어 가는
영혼의 열망이여

튀어 오른 핏방울
붉은빛 선연히
온 땅 스며 적시고

해거름 임의 모습
빨간 가을 향기
아름다운 사랑 사랑아

장미무정(薔薇無情)

오월이 내려오면

온통 선홍 장미

울타리마다 가득해

묻어 둔 사랑의 찬가

물밀듯 솟아오르고

향기로운 밤 깊어 가니

진홍 정념의 세레나데

달빛 아래 창가 비추며

어설픈 총각 짝사랑

불끈 용기 내어라

장미 한 아름 바칩니다

예전 그 밤도 장미꽃 만발해

온 세상 사랑의 향내 취했던가

입술에 장미 한 송이 물고

정 깊은 눈빛 다가오더라도

감춰진 날 선 가시야
매섭게 노려보는데

임이여, 짐짓 모른 체
입맞춤 그를 반기시나요

무정한 가시 날 끝
배어나는 붉은 정수

누가 이처럼 그렸을까
가지마다 자양분 되어

온 땅 장밋빛 꽃내음
비정마저 안으시는
임이여, 사랑이시여

천년왕국

그대는 떠나가며 이름 남겼다

이전 누구도 비할 데 없는

감히 어느 이도 넘볼 수 없는

크고 아름다운 발자취 깊게 새겼다

그대는 떠나가며 슬픔 남겼다

이전 누구도 주지 못한

감히 어느 이도 상상할 수 없는

그지없는 사랑의 여운 깊게 새겼다

그대는 떠나가며 희망 세웠다

누구도 꿈꾸지 못하고

어느 이도 들어 본 적 없는

돌아와 펼치리라 신세계의 언약 남겼다

그래, 그대 기억하는 여느 사람들

들뜬 심정 하염없이 고대하는데

세월은 쉼 없이 흘러가고

그대가 빈말 남긴 것이냐
높고 푸른 하늘빛 그대 그림자 비치지 않아

하지만 가만 기울여 살피니
그대는 진작 내려와 있어
자비의 손길 민생의 한 만지고 달랬다

이리해도 미련한 군중들아
번뜩이는 금 마차 기다려
맘대로 그대 모습 만들고
천년왕국 치세도 그렇게 그렸다

어떻게 나라를 혼자 세우는가
그대는 겸손한 임금
지극히 낮은 자리 머물러

왕국의 번영 염원하더라도
백성들 밀어붙이지 않고
수천 년 저미고 찔리는 심정
아, 사랑 사랑 사랑의 숨결 기댈 뿐이다

성심의 미사

세상에 여러 신앙 있다 하더라도
어느 신이 제자 위해 목숨 바쳤던가

이 땅에 인자한 성인들 많다 하여도
어느 주인이 종을 위해 한생 내놓았는가

나라마다 군주 세워 다스린다 해도
어느 왕이 백성 위해 굶주리고
가장 낮은 자리 내려와 섬겼느냐

동네 절친한 이들 때마다 맹세해도
과연 대신하여 죽을 친구 있으랴마는

그는 고귀한 임금이고 주인이며 다정한 친구였다

범접하지 못할 위엄 갖추었는데
초개같이 던지고 부서지며
배반의 장미마저 기꺼이 품고 저녁노을 되었지

이렇게 바보라 할 이가 다시 내려와
사랑하라 사랑하리 사랑한다 속삭이고

아름답고 향기로운 말씀과 행적
정연히 선포되어 세간에 흐르며
그의 몸과 피 하나 되는 신비로운 성사

누구나 들어와 머무를 수 있다지만
찾는 이들 그다지 많지 않고
자비의 음성도 미처 담지 못하는데
그러해도 이 시간 기다리며 그이는 띄웁니다

그대가 멀리 잊고 지내도
나는 한결같은 사랑이라
그대가 변심하여 얼음장이어도
내 뜨거운 심장의 고동 멈추지 않는다

영혼의 송가

사랑의 주님께서도

보호자 성령님도

날개옷 천사들도

시구로 예언하며

노래하고 전하시나요

높으신 내 주 하느님

지극히 선하시어

가장 향기로운 언어로

성심을 드러내시는 까닭입니다

그래 저희도 전능하신 분께

정감 어린 고운 가락과

살뜰한 정서 묻어나는

간결하고 미려한 시어로

세세토록 영광드려야 마땅해

온 마음과 정성 다 바쳐

주님 찬미의 노래

영혼의 송가로 봉헌드리나이다

그렇게 노래하며 찬미드리니

하느님 천지를 지으실 때

먼저 저희의 터전을 닦아

부족함 없게 예비하셨어라

이렇듯 자상한 아버지 손길로

세심하게 마련해 주신

자비로우신 성심이시여

영원토록 만백성의 찬송 받으소서

그분께서는 귀엽고 어여뻐

꼭 곁에 두고 싶으셔도

우리 닮은 저 아이들

매여 살면 행복할까

너른 세상 살게 하셨고

생기 넘치게 어우러지거라

자유 의지 허락하신

사랑과 자비의 하느님

무궁한 찬송 만세에 드립니다

한편 에덴의 문 닫혔어도
자녀들의 귀향
한사코 기다리며
돌아올 길 열어 주시려

고난의 한 민족 선택해
모든 족속들의 구원
약속대로 이끌게 하셨네

못내 정을 끊지 않으시고
알아듣고 보지 못하니
선민의 역사로 호소하시는
사랑 많으신 주님 찬송받으소서

그러해도 얼음이 불에 다가서지 못하듯
어두운 눈으로 영의 세계 볼 수 없어
백성들 하느님 영광에 두려워 떨더라

그 형국 아시기에
선지자의 입술로
주님 말씀과 염려
사근사근 일러 주신다

상사화

떠난 자녀들 잊지 못해
한 영혼이라도 구하려
오매불망 애쓰시는
한결같은 사랑의 성심
그지없는 감사의 노래 바치나이다

자녀들아, 애원해도 오지 않으니
예정이 현재가 되나요
내 몸소 땅에 내려가
사랑과 구원 진리의 빛 밝히련다

천주 마침내 강생하시어
수난 희생의 길 걸어가
영생의 문 열어 주신
십자가 사랑, 감사 찬송 끝없이 올립니다

영의 눈에 남녀가 유 별히지 않다 하여도
저들의 성정이 어미 정을 그리워하여
성모님을 세우시고 의지하여 여기 돌아오너라

어찌 그토록 정겹게 마음 써 주시는가
아니 당신의 모성 어머니께 임했나요

자애로운 성모님을 통해 드러나신
엄마 같은 하느님 사랑 찬양받으소서

민족을 택해 열두 지파 세우듯
열두 사도 파견하여
온 땅에 복음 전하시누나
열둘에 담긴 자비로운 성심이시여

얼마나 번영과 다복 바라셨으면
예표 하나까지도 마음 쓰셨을까
한 치 어긋남 없이 채비하시는
신실하신 하느님 찬미드리나이다

자녀들아, 너희들뿐 아니라
다른 온갖 피조물들도
귀히 나지 않은 이들 없어
저들도 그렇게 번성하기를 바라누나

지어진 하나하나 미미한 숨결마저
아니 숨 없는 물상들까지
아끼고 보살피는 창조주 하느님
이제 만물의 노래로 찬송드리려 합니다

상사화

말씀으로 땅과 하늘 나뉘어

대지에서 소산물이 나고

살아 있는 자들 먹고 입으며 자라는가요

무궁한 대지의 어머니 기운이여

이 땅의 진득한 향내 맡으며

감사의 찬미가 주님께 드리나이다

하늘에는 부시게 밝은 해

은은한 달 빛나는 별들 있어

그들 중 타오르는 불덩이 태양아

뜨거운 기운 만물에 희망 주고

이로 과실 달려 알찬 양식 되며

온 누리에 따뜻한 기후 펼쳐지게 하누나

달과 별의 빛살은 온화하여

아늑한 평화 뿜어내느냐

야심한 시간에 무서움도 물리치고

날과 달, 년의 절기 가르치며

뱃길 무탈하게 인도하기도

더하여 무진한 천궁의 신비

촘촘한 자태로 밤하늘에 수놓는다

주님 손수 지으신 그들 빛으로

자비의 광채 느끼고 뵈오며

영원한 찬미 노래 하늘에 띄우니이다

지면이 솟아올라 땅과 바다 구별될 제

바다도 깊이 다르고 땅도 높낮이 생겨

여기에 조물주의 오묘한 지혜 가득하다

높이 솟구쳐 기세가 생동하니

바람 불어오고 시냇물 흐르며

짙은 구름은 부딪혀 비로 바뀌고

가없이 받아들이는 깊은 바다

아무리 흘러도 넘치지 않아

장구한 세월 여전하더라

이렇듯 생성된 모든 곳

땅과 바다 푸른 하늘에

터 잡고 살아갈 생물들

정성으로 지어내시고
널리 번창하거라 축복하심이여

영원한 지혜와 자비의 숨결로
천지 만물 창조하신
권능과 예지의 하느님
모든 생명의 무궁무진한 찬송 바치옵니다

이토록 귀중한 세상이라
흙으로 지어졌어도
슬기롭고 영특하며
하늘의 영을 불어넣어
바른 이치 깨달아 실천할 수 있는

작품 중의 완전한 걸작
내 너를 낳았노라
당신 닮은 사람을 빚어
조화롭게 다스리라 명하셨다

이리해 조물주 뜻에 따라
저들 이끌어야 하는데
죄가 눈과 귀 가리고

영안마저 어둡게 하여

도리어 사람의 지혜가

파괴와 불행 가져오고

무참한 살육 일으켜

주님의 심정 미어지게 하는구나

그래도 사랑의 비원

거두지 않으시고

하늘 옥좌 내려와

좁고 외로운 감실

초연하게 머무르시며

자녀의 고통 안고 가는

사랑과 자비의 주님

무한한 은혜 가슴에 새기고

영혼의 찬미가 숙연히 올립니다

그렇게 세월은 흐르며

지나는 바람이런가

생

로

병

사

유한한 삶, 애처롭구나

이래도 그들이 있어

저희는 겸손하게

하늘 바라보며 기도드리고

먼지로 흩어지는 생이더라도

영생의 소망을 품고 살아가는

피조물 중의 유일한 이로

지극한 주님 사랑 받으니

혹여 이생의 삶 다하더라도

춤추고 노래하며 찬양드리럽니다

하느님의 은혜 가득 담긴 성경

영적 신비 넘치는 계시 말씀

이로 신앙의 바른길 가르치며

당신의 현존 보고 깨닫게 하시는가

이렇듯 평화의 복음 주시고

전파하거라 명하시며
말씀 안에 역동하시는
사랑의 주님 만방에 찬양받으소서

그리하여도 때로 발현하시고
협조자 성령 보내 주시어
놀라운 은총과 은사로
구원의 길 굳건히 걷게 이끄신다

이처럼 저희에 대한 사랑으로
불타오르는 성심이시여!
보은의 기도 절절한 찬미
고이 깊게 봉헌하오니, 흠향하소서!

돌아보아 저희들 속내
바로 들여다보시어
일꾼으로 고르시고
자신도 모르는 재기 품성
하느님 나라 건설 위해 귀하게 쓰시나요

당신의 거룩한 영은
수려한 가락 타고

상사화

영시로 노래하며
아름다운 춤사위로
사랑을 고백하시지요

저희도 춤과 노래 내려 주신
사랑과 자비의 주님께
아름다운 찬미가 정성스레 바치며

온몸과 마음 영혼 한껏 힘을 다해
죽는 어느 순간까지라도
감사의 찬양 이어 가리라
오로지 하느님께 영광드리게 하소서

제4부

묵주기도의 어머니

묵주기도의 어머니

묵주 알 하나마다 기도 꽃 한 송이
하늘은 들을까 작은 믿음이라도
알 수 없는 평온함에 끊임없이 바쳤다

해 질 녘 개울가 물소리에 싣고
풀숲 그림자 어둑한 샛길에도
회색 물결 넘실대는 바닷가에서도

오래도록 동행한 갈색 나무 묵주
한시 놓지 않고 성모송 되뇌었어

그렇다, 황망한 시간들 무서운 밤길
묵주 꼭 쥐고 기도하지 않았더라면
지나온 고난의 풍상 어떻게 견뎠으려나

돌아보면 비바람 불어닥쳐 바동거릴 때
묵주의 어머니 가만히 다가와 손 내미셨지

어느 이들 천덕꾸러기 멸시하여도

   상사화

그대는 더없이 귀한 아들, 사랑하나라

이렇게 묵주기도 드리는 처소
장미꽃 담뿍이 피어나
고운 향기 한 아름 올리는가

아, 십자가 아래 서 계신 간절한 눈빛
자녀들 바라보는 안타까운 모정
올올이 이어지는 성모님 염원이시여
너희들 생각하면 이 밤 잠들 수 없구나

매괴 성모님

상사화

바위 딛고 고요히 계시는가
살포시 작은 동굴 내려와
제대 아드님 위 밝히 머무르시고

어머니 오신 지도
오랜 세월이건만
원래 그러하신지
주님 보호하심이런가

성모님 옷깃 살아 있는 듯 가벼워
푸른 허리띠 산들바람에 날리고

발등 장미 향 제단 감돌며
모은 두 손 간절하구나
은혜의 빛 숨결처럼 흘러나오네

성모님 검은 눈동자
하늘 올려보면서도
찾아온 아들딸들

상사화

자애로이 쓰다듬고

금박 테두리 새하얀 구름 너울
푸르른 그림자 살포시 머금어라

보면 볼수록 섬세하고 신비로워
성부께서 사랑으로 감싸시나요

어제도 이제도 다가올 날들도
저희들 세상사 정연하지 않아

뵐 때마다 온갖 투정 부리며
하염없는 원망 쏟아붓는데도

사랑의 성모 어머니
한번 찡그리지 않고
자녀들 삶의 고뇌
위로하고 달래시누나

자애로운 매괴 성모여
바라고 기도하오니
언제나 여기 계시어

자녀들 아픔 보듬어 주시고

아, 그분의 꿈이여
이 땅의 사람들아
사랑으로 살아가거라

하느님의 나라 이루어지소서
저희를 위하여 빌어 주소서
엄마 사랑에 고이 쉬게 하소서

상사화

묵주기도

손가락 끝 사박사박
따뜻하게 젖어 드는
어머니 숨결이시여

동그란 묵주 굴리며
가만히 소리 낮춰
한 가지 곡조 옹알거려도

사랑의 내 어머니
까마득히 먼 하늘
구름 가린 곳에서

자녀들 아픈 속내
낱낱이 꿰고 계시어

어떻게 저 아이들
위로하고 기쁘게 할까

성모송 한 가락 마디마디

은총의 섬세한 손길로
살뜰하게 축복하시는가

어머니, 돌이켜 보면
어디로 가고 있는지
한 치 앞 모르던 날들

이 기도 몰랐더라면
지금 어느 자리에
서러운 한숨 토하고 있을까

무서운 밤거리 갈 길 몰라
차라리 나지 않았더라면
원망의 세월 지새우고 있을 때

엄마 먼저 다가오시어
묵주 손에 쥐어 주고
사랑의 기도 가르쳐 주셨네

어머니, 촛불 꽃송이
가지런히 밝히고
온종일 한 자리

상사화

같은 기도 바치어도

시시각각 내려오는
하늘의 기운이여
은혜로운 성모님 현존

그처럼 몸과 마음 하나로 모아라
어느새 영은 엄마 품에서
아드님처럼 안겨 방긋거리고

십자가 수난 길 뒤따르다가
주님 얼굴 눈물로 닦아드리며

영광의 천상 잔치
하얀 아마포 차려
어머니 손잡고 들어가누나

오, 아름다운 천상의 기도
끝없는 평화의 바다여
맑고 깊은 영혼의 울림이런가

묵주기도 굽이굽이

장미꽃 만발하여

천지에 향기로움 가득하여라

장미꽃 만발하여

천지에 향기로움 가득하여라

상사화

성모의 밤

시리게 푸른 하늘 살포시 드리우고
사랑의 어머니 자박자박 내려와
자녀들 가슴마다 진홍 장미 아로새긴다

어미 사랑 장밋빛 붉게 타오르니라

어머니 모습 누가 보아도
맑고 곱기만 하여
어느 누가 저렇듯 뜨겁게
사랑 품고 있는 줄 짐작이나 했을까

그리하여 어머니, 자녀들 보고파
천상 낙원 머무르지 못하고
도리어 자녀들 아픔 함께 나누려
장미꽃 가득 안고 밤마다 날마다 오신다

이렇게 찾는 사랑의 어머니
자녀들에게 무얼 바라나
그저 다복하게 살다가 올라오너라

이 엄마가 먼저 올라 영복의 희망 세웠으니
너희도 꿋꿋이 신앙 지켜 천국에서 만나자

내 아들 바람처럼 나도 너희들
어느 하나도 잃고 싶지 않구나

오직 자식 사랑 불같은 모정
붉은 장미 송이송이 피어나
묵주의 간절한 기도 타고 하늘에 이르네

이러한 어머니 사랑 밀려드는 오월의 한 밤

순전한 자녀들 그 사랑에 감사해
엄마 사랑 빨간 장미꽃
티 없는 성심의 흰 장미
인자한 어머니 마음 노랑 장미
만나서 행복해요 분홍 장미 꽃잎
한 아름 꽃다발 정성스럽게 바치며 말씀드린다

저희가 모시기 전 먼저 오시어
향기로운 장미 꽃잎 내어 주신
성모 어머니 사랑합니다, 감사드리나이다

백목련 – 어머니

하얀 겉옷 길이 내려
안옷도 정돈된 백색
범접하기 어려운 매무새

하여도 속내 정 깊어
모신 임 잊지 못해
일생 홀로 지내시더라도

누가 이분을 가엾다 하리
가슴 충만하여 한결같은
사랑으로 지나온 무수한 시절

어느 비바람 몰아치는 밤
밤새 흐트러지지 않으시더니

푸른 하늘 빛살 아래
단정한 모습 그대로
가만히 떨구시고

그리해 하늘의 임 흠향하시어

백옥 성화 여기 피어나거라

천상의 어머니라 이름하시네

상사화

사랑의 흰 장미

누군가 왜 태어났느냐 묻는다면
주저하지 않고 대답하렵니다
당신을 만나기 위해서라고

어느 이들이 왜 사느냐고 물어도
망설임 없이 대답하렵니다
당신과 동행하기 위해서라고

또 아무가 왜 죽느냐 물어봐도
당연히 저는 대답하렵니다
당신이 계신 곳에 가기 위해서라고

이렇게 한 사랑으로 그분만 그리니
아담한 정원에 흰 장미 가득해
훗날 부르심에 담뿍이 품고 오드리이다

성모님의 눈꽃

상사화

한겨울 야윈 가지
부시게 하얀 꽃
소담스럽게 피었네

어느 계절이라도
무수한 사연들
정성스레 바치려

순정의 꽃 찾아
어머니 먼 길
자박자박 찾아와

먼발치 계신 주님
흰빛 눈 꽃송이
소복이 내리시어

다망한 걸음마다
만발한 하얀 꽃
끝없이 펼쳐진다

상사화

언제던가 그날도
흘러내리는 상처
순명으로 감싸며
흰 옷깃 붉게 물들고

타는 모정 안타까워라
빗줄기 길게 보내시니

젖어 든 자락
맑게 틔우고
흰색 꽃송이
함초롬히 피어나

정결한 여인
완전한 봉헌
주님 흠향하심이여

새하얀 개화에
티 없는 자태
정히 물들어 빛나누나

성모님의 매화

혹갈색 마른 줄기
파란 하늘 두르고
청초한 백옥색 아리따움

두꺼운 나뭇결 헤쳐
새 가지 타고
보석 박힌 듯
조금조금 피어나는데

그 누가 생각했을까
보고도 믿지 못하는
당연한 세상인심이련만

꿈인가 환영인지
말씀 한 마디에
아무런 의혹 없이
피앗 하며 받아들이니

눈부신 하얀 꽃송이

하늘에서 내리나요
가지가지 소복이 쌓여

단출한 정원이라도
꽃무리 흰빛 물결
맑고 곱게 반짝이고

임의 신부 고결함이여
새하얀 매화 향 아래
자박자박 흘러 적시네

성모님의 능소화

한낮 따가운 햇살
꽃잎 태우려 하고
내리치는 빗줄기
가지 꺾어 보려 하며

애잔한 주홍 꽃잎
실바람 불어와
잘록한 허리 태
가벼이 흔들리더라도

너는 어디 힘이 솟아
찌는 더위 무색하게
고운 맵시 탐스레 뽐내느냐

그 모습 가만히 보면
붉게 차린 다섯 갈래
동그랗게 자락 펼쳐
하늘 향해 기도드리는데

언제던가 어머니 성심

가슴에 아드님 안아

먼 구름 하염없이 바라보고

흰 옷깃 붉게 적시어

주홍 꽃 송이송이

선연하게 피었어라

그분 호소하는 눈길

주님 원망하련마는

외아들 잃은 슬픔

이마저도 봉헌드리니

어머니의 깊은 순명

저물지 않는 향기

하느님 흠향하시어

하늘나라 기쁨 되더이다

성모님의 연꽃

상사화

여기 무엇 있을까 해도
수초들 무성하고
고여 짙은 물색
동글게 새순 올라오며

어느새 너르게 솟아
푸른 우산 되고
뜨거운 해 가려
임 맞을 채비 하더니

이 사이 빼꼼히 내민
백옥 같은 하얀 송이
부끄럼 살짝 드리워
잎새 그늘 묻히려는데

임의 빛 어두움 밀어내는가
그분 손길 옥양목 내리어
청초한 흰빛 못물 밝히고
칠흑 같은 밤 훤히 비추며

상사화

이래도 그대는 늘 한마음
빛나는 황금빛 제기도
임에게만 드리고파라
치맛자락 펼쳐 가린 듯하고

천만년 무상 세월이건만
진득한 연못 뿌리 내려
되레 흔들리지 않으며
여전히 그 자리 지키느냐

언젠가 어머니도 다름없어
비속한 세상 피어났어도
티 없이 맑은 고요함이여
정결한 여인 깊은 향내런가

숱한 비바람 몰아치는데
끝없는 사랑의 순명
새하얀 성심 그대로
주님 전에 연꽃 되어
천상 모후 섬김 마땅하여라

성모님의 흰 국화

고운 겹꽃잎이여
솟아나는 상념
타오르는 격정 감추고

안타까운 마음도
청초한 빛깔로
슬며시 가리나요

이리해 시간 멈춘 듯
숙연한 향내 가득해
슬픔도 깊이 재우며

그처럼 온 세상 평화
무심에서 비롯되고
삭여야 전해지는가

거슬러 여인이시여
깊은 상심 몰아쳐도
내색하지 않으시고

가녀린 어깨 바위런가
그 자리 흔들림 없어
흐느낌마저 삼키려니

먹구름 하늘이건만
하얀 빛살 내려
어머니 정히 감싸고

빛나는 흰 꽃송이
때아닌 국화 향
천지간 피어 적시니이다

성모님의 흰 동백

속마음 알아챌세라
하얀 안옷 저고리
단정히 차려입고

찬 서리 내리는 계절
가여운 홀로 사랑
감추어진 듯하여도

청초한 흰 빛 매무새
연모의 애틋한 숨결
이마저 가릴 수 없어

차라리 드러내 보이면
속이라도 시원할 텐데
그래 용기 없어 하양인가

아니 돌아보지 않는 그대
그리워도 말 못 할 사연
새하얀 순정 밀려 오르는지

지난날 어머니 어떤가요
일생 순명의 하얀빛
속내 비치려 하지 않고

가지마다 순백의 개화
소복단장 기도 꽃
함초롬하게 피어나

주님, 그 심정 알고 계셔
수려한 화관 틔우시니

빛나는 노랑 꽃술
하얀 꽃잎 가운데
화사하게 돋아나
천상 영예 밝히나이다

성모님의 흰나리

불현듯 내민 선택의 말씀

피앗 하여 받아들일 제

하얗게 밝은 빛줄기 그녀를 감쌌다

침침한 동굴 마구간

아이 안고 기대어

곤한 몸 잠시 쉴 제

하얗게 따뜻한 빛줄기 그녀를 보듬았다

잃어버린 소년 찾아

허둥지둥 달려갈 제

하얗게 앞선 빛줄기 그녀를 비췄다

온몸 해져 비틀대는 아들

뒤따라 걸어가며

눈물의 기도 바칠 제

부드럽게 하얀 빛줄기 그녀를 다독이고

먹장구름 몰려와 하늘 가리는데

무릎에 차가운 아들 눕히는가

선연한 빛줄기 비 오듯 쏟아지며

흰나리 새하얀 향기 천지간 가득 채운다

성모님의 간택

푸른 햇살 드리운 앳되고 순전한 처녀였다

또래 동무처럼 때가 되어 신랑감 정하고

콩닥거리는 가슴 혼인날 기다리며 지냈다

이렇게 결혼하여 아이 낳고 사는 삶

당연한 여자의 일생 알고 지내며

아름다운 날들 주신 하느님께 감사드리고

아침저녁 찬미가 잊지 않고 바치는

맑게 빛나는 눈 현숙한 몸가짐

나무랄 데 없는 용모 갖추었어도

지극한 겸양으로 그녀는 타고난 신부였다

이이를 하늘도 주목하여 간택하였네

이미 약혼자 있는데 어떻게 해요

무심한 주님은 말씀을 전하고 대답 기다렸다

오만가지 번민 없다고 못하지만

잠시 침묵이 지난 뒤

그녀는 차분한 목소리로 말했지

당신의 뜻, 그대로 이루어지길 바랍니다

천상의 의지는 지상의 경계 넘어서나요

혹여 이성으로 이해하기 어렵고

도타운 신앙 그를 받아들였더라도

이것이 무엇을 의미하는지 그때는 알지 못했다

그렇게 선택된 여인이시여

해를 머금고 달빛 맞으며

수고도 고통도 말없이 안고 갑니다

돌아보아 그녀는 조촐한 집안의 딸

이웃 울타리 정숙한 처자

하여도 깊은 믿음 순명의 용기

평화의 군주 모셔 오는 고결한 한생 되었더이다

성모님의 예언

신이 선택한 특별한 분이어도

어머니 걱정 많은 심정이야

우물가 여느 부인들과 다름없었다

기특한 아들 귀히 안고 성전에 간다

어쩌면 아버지 집에 다니러 가는 길

길한 징조 축복의 말씀 기대했으리

하지만 현실은 그와 달리 찬바람 불어

백발 예언자는 고달픈 일생 선포한다

이후, 그 말씀 잊지 못해

언제나 태연하려 애써도

예언은 날카로운 비수 되어 심장 찔렀다

아이를 잃어버린 삼 일간 바싹 타들어 갔고

구도의 길 나선 날들, 편히 누울 수 없어

한시도 계시된 그의 운명 어머니 잊히지 않으니

정성 어린 기도는 액운도 피하게 한다는데
어머니 간절한 기도 하늘에 미치지 못했는가

온몸 난자당한 어린양! 끝끝내 예언 이루어졌다

바라보는 엄마 심정 갈가리 찢어져도
구름 가린 하늘 보며 가만히 말했다
이 또한 당신의 뜻이라면 받아들입니다

그때 운명의 사슬은 깨지고 물러났다
광명의 빛줄기 흉한 매듭 풀리고
부활의 아침 타오르는 태양 맞아들이며
평화와 은총의 기운 어머니와 아들 감싸안는다

성모님의 만찬

상사화

집 떠난 지 삼 년 이제 겨우 자리했다
다감한 아들 자주 볼 줄 알았는데
무엇이 그를 재촉하는지 전갈 한번 없었다

이렇듯 무심한 아들이 소식 전했다
어미의 직감 근심 밀려오더라도
바로 달려가 일행 위해 상을 차렸다

해 질 녘 붉은 구름 창가에 걸리고
스치는 바람 가슴 깊이 젖어 들며
두런두런 정담도 어둠에 잠기는데

그는 술과 빵을 나누며 석별을 고한다

무엇이 그를 밀어 대는지 알 수 없다
피할 길 없는 것도 아닐진대
받아들이는 까닭은 과연 무엇인지

이럴 줄 알았더라면 맛난 음식 더 마련하고

상사화

오래도록 상차림 들여 붙잡아 둘 것을
부질없는 한숨만 끊임없이 쏟아져 나온다

그래도 이 만찬이 마지막 밥상 될지 몰랐다
작은 동산 풀숲 새 정령들은 보이지 않고
음산한 기운 번득이는 흉흉한 눈동자만 자옥해

그렇게 떠나는 아들 못내 바라보는 어머니
이 또한 당신의 뜻이라면 받아들입니다
그리해도 참을 수 없는 눈물, 마른 볼 적셔 흐르네

성모님의 봉헌

세상은 반드시 정의가 승리하지 않아
죄 많은 자들 엄정한 재판석 앉고
순전하여 티 없는 이가 쇠사슬 묶였다

철편 채찍 살을 찢어도 신음마저 참아 내
무고한 이 고결한 예지자의 자존심인가

그의 죄라면 욕심 없이 자비를 설파함이며
하늘의 뜻 지상에 세워 이끌려 한 것임이니

이런 아들 올려보는 어머니, 깊이 무릎 꿇어
신의 선택 받아들인 날 돌아보며 눈물 적시네

갓난아이 볼 쓰다듬던 시간 떠오르고
총명한 아이 손잡고 행복했던 시절
늠름한 장부 아들 앞세운 날들 스쳐 지난다

주님이시여, 당신 아들 이렇게 버리십니까

해는 부서져 천지간 어둠 몰아치고
모든 것 끝난 듯 절망만 가득한데
이래도 그녀는 순명하며 기도드린다

지옥 같은 오늘 이해하기 어렵지만
그대로 받아들여 봉헌드립니다
당신의 뜻, 이 땅에 이루어지고 꽃피소서

이때 누구도 알지 못했고 믿지 않았으며
신의 영역에서만 일어나는 기적의 부활
어머니의 봉헌 앞에 찬연히 펼쳐져 전해진다

성모님의 작별

가까이 있어도 만질 수 없어
병사들 날 선 창끝 가로막고
군중의 아우성 해를 가린다

이미 찢기고 터진 몸 얼마나 견딜지
차라리 서둘러 데려가면 감사할 텐데

어머니, 미어지는 가슴
이 악다물고 지켜본다

아들은 숨 헐떡이면서도
수심 어린 눈빛
어머니 바라보고
모자는 말없이 작별 인사 건넨다

끝끝내 고개 떨군 아드님
언덕 위 흙바람 몰아치며
망부석 된 어머니 그 자리 서 있다가

차가운 몸 품에 안고서야 눈물 떨군다
이마저 당신의 뜻이라면 받아들입니다

그리해 하늘은 통고의 모정 흠향하시어
저 멀리 노을빛 처연히 물들고
가녀린 어깨 붉은 장미 피어난다

성모님의 재회

새벽닭 울기도 전 그가 돌아왔다
기막힌 어머니와 아들의 상봉
지나는 바람도 잠잠히 지켜보고
악령도 이 장면에서는 고개 돌린다

이렇게 만난 아들 다시 떠날 때
어머니 함께 가고 싶더라도
때가 이르지 않았다 하여 여기 남았다

그렇다, 그의 제자들이 엄마를 찾았다

진리를 찾고 전하는 것이 무슨 죄라고
도시는 악이 가득해 어진 이들 몰아붙인다

그들 떠나보내는 자리 장미꽃 핀다
순결한 흰 장미 염원의 붉은 장미
그녀는 한 아름 기도의 꽃 정성껏 바친다

어느 날 오래전 본 이가 다시 내려와

시간이 이르렀다는 아드님 말씀 전한다

육신을 가진 자 피할 수 없는 숙명
아들을 보내고 늘 준비하였더라도
가슴 한편 어떻게 아쉬움 없으랴마는

그리운 아들을 이제 만날 수 있고
이 또한 하늘의 뜻이고 섭리이니
감사와 찬미로 받아들입니다, 그대로 이루소서

나이 들어 마른 몸일지라도 고결한 자색
흰옷 입고 잠자는 듯 눈 감으시는데
창가에 푸르른 빛살 찬란히 비쳐 들고
제자들 빛줄기 타고 떠오르는 어머니 바라본다

사랑하는 자녀들아, 여기 보아라
지상의 생이 전부가 아니란다
유한한 삶이야 스러지더라도
올곧은 이들 재회의 희망 있지 않느냐

아무리 힘들고 고달프더라도
주님 계명 지키고 실천하여

하늘에 마련된 아름다운 처소
다들 올라와 환희의 찬가 부르자꾸나

상사화

부록

묵주기도의 신비 묵상시

성모영보 – 잉태

촛불 하나 빛나는

고요한 작은 처소

언제나 늦은 창가

달빛 맞아들이는 기도

두 손 가지런히 모아

하느님 부드러운 숨결

따뜻한 눈길에 안기며

주님, 어찌하면

연약한 여인네

비천한 몸일지라도

선택된 백성들로

민족들 모으려는

당신의 소망 이루어 드리고

높고 낮은 이 없으며
고아와 홀어미
눈물짓지 않는
아름다운 세상
이 땅에 펼치려는데

이 몸이 유딧처럼
영특하고 굳세게
떨치지는 못하여도

주님 선하신 계획으로
다윗 같은 아들 낳아
봉헌드릴 수 있을까요

이 밤도 간절히 구하는
별빛처럼 영롱하여라
밝고 싶은 눈동사
순결하고 기특한 여인이여

겁나지 않았나요
떨려 주저앉아야
경우에 맞지 않은가요

미천한 어느 이가
큰 날개 빛나는
하늘의 사자 마주 보며

차분한 마음 들면
도리어 무언가
어긋난 것 아닌가요

더하여 하느님 말씀
느닷없이 전하니
놀라는 모습 당연하지요

신비로운 그이의 전갈에
숨이 막히는 것 같았지

도대체 무슨 말씀인가요
남자도 모르는 처녀에게
아들을 낳는다고 전하시는

약혼자 있는 처지
아이를 잉태하면
어떻게 된다는 것인가요

상사화

하지만 이어지는 언사에

이 모든 불안 염려

눈 녹듯 사라지고

심장 고동치며 가슴 벅차올라

하느님 아들을 갖는다니

믿기지 않는 일이더라도

받아들여 깊이 무릎 꿇었고

온 우주가 감싸는 듯

충만히 다가오는

평화와 감동으로

나지막하더라도

흔들림 없이 대답했어

주님의 종입니다, 그대로 제게 이루어지소서

하늘에서 감미로운 선율

메아리쳐 울려오고

빛나는 천사들 무리

둘러 춤추고 시중들며

평화의 계약 맺어져
새로운 시대 열림을
한껏 기쁘게 찬미드려요

천사들 물러가고
아직 어린 나이
말씀 되돌아보니
오만 걱정 다시 일어났지만

섭리 안에 현존하며
이스라엘 이끄시는
자비의 하느님
신뢰와 사랑이
심령 가득히 채워 들어

모든 근심 사라지고
고요한 아침 바다로
어느새 밀려가 해를 맞는다

사랑의 하느님, 죽을 저희에게
구원의 빛줄기 기어이 비추시려

상사화

아담의 범죄로부터
어머니 이미 정하시고

존귀하신 하느님께서
지극히 겸손하게
한 여인의 동의 얻어
화평의 언약 세우심으로

인류 구원의 첫발 내디딘
이천여 년 전 바로 그날
순종으로 이루어진 기적의 순간이여!

이때, 티 없이 깨끗하고
한없이 신실한
어머니의 공로로
저희도 희망을 노래하게 되었기에

성모님께 감사드리고
닮기를 소망하며
믿음과 순종으로
주님 나라 이르기를
간절히 바라고 청하옵니다

만남 – 마리아와 엘리사벳

아름다운 만남은

기쁨 더하고

아픔 나누며

모여 찬미 소리

주님 기꺼워하신다

하늘의 전갈 너무 놀라워

순명한다 하더라도

앳된 처녀에게

마음 한구석 불안함

깨끗이 지우지는 못해

동네 맴도는 수군거림

곱지 않은 시선도

정혼자가 받아들인들

한순간에 사라지지 않으며

상사화

사실 그이마저 돌아서려 했으나
의로운 사람에게 천사의 부탁은
희생의 일생 받아들이도록 이끌었다

지금도 그러하지만
주님의 이적도
완고한 성정
돌이키기 어렵고
전해지는 말씀도
이성으로만 받아들여

은총이 가득한 그날의 감동은
혼자만의 감사와 찬미일 뿐이던가

때때로 갑갑한 심정
조심스러운 몸가짐
젊은 여자도 힘겨운데

뒤늦은 잉태로 인해
의아해하는 눈길
버거운 육신
천사가 알려 준

나이 많은 친척

어떻게 견디고 계실지

고단한 여정이더라도

위로와 용기 주려

영의 이끄심 따라

굽이굽이 그분 집을 찾았네

하느님의 영 오직 하나

먼저 동정녀 알아보아

마주 손잡고 감사 찬송드릴 때

태중 두 아이도

서로 바라보며

반가워 까르르 뒤집어진다

봉헌된 이들이여

선택받은 환희

누가 귀 기울이지 않아도

성령이 충만한 그들 시간과 거리 넘어

한마음으로 주님 나라 그리워하기에

상사화

티 없이 맑은 마음 믿음과 희망의 노래여

부드러운 산들바람 하늘 곡조에 얹어
사춘기 소녀 설렘으로 찬미드립니다

내 영혼이 주님을 찬송하며
나를 구하신 하느님께
내 마음 기뻐 뛰노나니
당신 종의 비천함을 돌보셨음이로다
((구)까떼나 기도문에서)

만민들아, 한 목소리로
주님 업적 거룩한 이름
찬송하고 영광드리어라

어머니 의지하는 착한 자녀들도
十원의 하느님 찬양느리며
서로 격려하고 이끌어 주다가

마침내 목숨까지 아낌없이 내놓으면
이것이 말씀하신 큰 사랑 아닌가요

두려움 없이 길 나선 성모님
구세주의 어머니 알아본
하늘의 영 충만한 엘리사벳이여

저희 믿는 이들 한가지로
작든 크든 공동체들이
하늘나라 언젠가 이를 때까지

성령의 감동과 사랑으로
이해와 배려 희생하며
환희의 찬송 바치도록
저희를 위하여 빌어 주고 이끌어 주소서

상사화

출산 – 왕의 탄생

어둑한 저녁 들녘

샛바람 차가운데

누울 자리 찾지 못해

궂은 냄새 침침한 동굴

갓난아이 보듬어 안고

피곤한 몸 짚풀에 기대다

그래 세상 왕의 자녀들

혹여 고뿔 들까

보송보송 털 이불

두툼히 싸여 잠드는데

하느님 귀한 외아들

말먹이 구유 눕히려니

갈고 다듬은 돌보다
꾸밈없는 제단으로
찬미 영광받으시려는
주님 뜻이려니 위로하더라도

아이 낳은 어미 심정
거적으로 가린 거처
너무나 미안하고 서글프다

가까운 친지들 북돋아 주더라도
출산의 여정은 쉽지 않은 험산

한데도 찬연한 빛의 기쁨 되어
끝없는 평화 잠겨 든 것은
예비하신 분의 놀라운 은총임이라

큰 울음으로 나온 아이
여느 엄마 그러하듯
손가락 발가락 세고
상기된 볼 살짝 대며
창조주 하느님께 감사드렸지

상사화

비속한 세상 미천한 여자가

이렇듯 해맑은 아이 낳는

창조의 은총 누리네, 더구나 주님의 아들

그렇지만 예고된 출생

무언가 특별한 축복

내심 기대했던가

서러운 심정 들었으나

건강한 아이 품에 안으며

감사 찬미 절로 솟아오르고

하나 어쩔 수 없는 엄마 마음

말끄러미 구유 내려다볼 제

이런저런 걱정 그 밤 잠 못 이루네

작은 포대기 두르고

구유에 누운 아들

장차 임금 되실 분

이런 처소 오셔야만 했는가

호사스러운 궁전보다

가난한 동굴 택하며

천사의 환호 마다하는

목동들 경배마저 없었더라면
누군들 이 궁색한 아이를
구세주 되실 분이라 이를까

혹여나 아들에게 닥쳐올 날들도
내려온 모습처럼 힘겹게 살다가
허망하게 떠나는 건 아닐 테지요

이렇게 기쁨도 잠시 번민의 밤
늦게 겨우 잠들었는데
동틀 녘 거적 틈새
주님의 자애로운 음성
밝은 빛줄기 타고 다가선다

무엇을 걱정하고 못내 두려워하느냐
내가 이 아이를 너보다 덜 사랑할까

바로 나인 내 아들
누추하게 보내어
애처롭고 안타깝더라도

상사화

호화로운 마차 타고
금관 머리에 얹어
혜성같이 등장하면
여기 통치자들과 무엇이 달라

그런데 세상은 보이는 것만 봐
해진 겉옷 종들의 외침
들의 바람처럼 흘려보내고

지금도 벌거벗은 아이
내 귀한 아들이라고
어느 누가 생각하려나

내가 너를 선택하여
영으로 보듬을 때
마음만 들여다보고
아이를 잉태하게 했어

겸손과 믿음 순결한 향기에
못내 가슴 뛰었고
너와 함께 태중 열 달
손꼽아 헤아리며 출산 기다렸다

이처럼 기쁘고 즐거운 날
천사 보내 경배하고
하늘 군대 호위하며
천상 악단 연주하면
온 밤 찬란하게 빛나겠으나

가난과 희생으로 세상을 구원할
평화의 왕권은 어디로 가겠느냐

이리하여 그는 고단한 길 가야 해
출생도 더없이 척박해야만 하느니

그래, 이 좋은 시절, 엄마도 아이도
설움 북받치거라 아프게 허락했구나

하느님, 저의 사랑이시여
천사 만난 밤 그러했듯
오늘도 저는 받아들입니다

갈 길도 운명도 모르지만
당신의 뜻만 고이 따를래요

상사화

삶이 고달프다 하더라도
미욱한 여종의 지혜
하늘의 뜻 어찌 헤아려
제 고집 앞세우고자 할까요

다만 저의 눈과 귀
어둡고 미진하오니
말씀 알아듣도록
열어 깨우치고 이끌어 주소서

저는 당신의 부족한 종
주님 사랑이 전부인
한결같은 여자입니다

이처럼 낮은 땅에 내려오시어
하늘의 부유함 열어 주시고
겸손과 섬김의 왕홀 실천하신 주님!

저희도 성모님의 믿음
하늘 향한 열망으로
구원의 씨앗 뿌리고
비움으로 열매 맺는

하늘나라의 신비 전파하며

감사의 찬미가 끝없이 바치게 하소서

봉헌 – 정결례

옷깃 스미는 들바람

푸른 너울 여미며

주님 아들 안고

정겨운 그분 집에

작은 나귀 타고 가시네

하느님 귀한 자손이라도

여인의 태 빌리셨으니

그분 밝혀 주신 말씀에 따라

하느님의 거룩한 법규

누구보다 겸손하게

한 점 한 획까지 지켜야 해

그렇게 은총의 어머니와 아들

이레하고 삼십삼 일 지난 뒤

거룩한 주님의 성전 몇 날 순례길

궁한 살림 소박한 비둘기 두 마리
한 마리는 정결례 속죄 제물
다른 하나는 아이 번제물로
하느님 전 정성스럽게 바친다

그래, 속된 우리들이야
날짐승으로 대속하여
부정한 몸 깨끗하게 한다지만

훗날 수난의 주님께서는
서른세 해 지나며
대신할 속죄 제물
땅에서 찾을 수 없어
몸소 어린양 제물 되시니
오늘 이 자리는 그날의 예고인가

미처 짐작할 길 없는 어머니
제단 앞에 엎드려 기도합니다

다가오는 모든 시간 함께 하시어

상사화

아이가 굳세고 지혜롭게 자라

하느님 전 더없이 겸양하지만

이민족 싸움에는 굳센 용사 되게 하소서

오롯한 기원 다소곳한 매무새

멀리 지켜보던 백발 예언자

구세주 보게 하심 감사드리면서도

어머니 염원에 삭풍 한설 몰아치듯

당신의 영혼 칼에 찔리는 가운데

많은 사람 마음속 생각 드러나리라 전한다

만방 민족들에게 계시의 빛이며

이스라엘의 영광이라는 아들

저에게는 깊은 아픔이라니

어떻게 이런 모진 말씀 하시는지

그래도, 순전한 어머니

상심하고 북받쳐

받아들이기 어려울 텐데

계시 말씀 고이 간직하려 애쓴다

이 또한 주님의 뜻일지니, 그대로 이루어지소서

편한 것만 받아들이고

고달픈 일 물리치면

올바른 봉헌이라 할 수 있을까

빛과 어둠 공존하는 세상

기쁨 슬픔 고난과 성공

바른 아이 고집 센 자식

말없이 안고 살아가며

어우러진 꽃다발로

소담스럽게 엮어

향기로운 예물로 바쳐야

겸손한 믿음과 순종에

혼탁한 세상 맑아지고

하느님 진정 기뻐하시려나

먼 길 찾아오시어

말씀 귀담아듣고

주님 뜻 따르는

상사화

복된 성모 어머니

자녀들 살아가는 모습
봄바람에 설레기도
때때로 매서운 북풍 맞부딪치지만

한결같은 신덕으로 주님께 의탁드리고
놀라운 은총 업적 후손에게 길이 전하여

하늘 아래 땅 위 어디든
하느님 뜻 이루는데
저희 미천한 봉헌이
귀하게 쓰일 수 있도록
저희를 위하여 언제나 빌어 주소서

재회 – 찾음

들의 풀꽃처럼 피어나

돌개바람 불어닥치면

덧없이 스러져 가는

애처로운 삶의 군상들이여

회자정리(會者定離)라 하더라도

다시 볼 여지는 남겨두는데

눌러 삭혀야만 하는 작별은

메울 수 없는 심장의 구멍이 된다

수많은 인파 파스카 축제

동무들 사이 있으려니

차분하고 바른 아들이라

걱정 없이 길 서두르는 어머니

주님 성전도 멀어지고

하루가 지났는데도
웬일인지 보이지 않아
이러한 일은 한번 없었어

먼 곳에 가게 되면
염려하지 말라고
미리 고하는 아들인데

성모님도 한 자식의 어머니
예언의 말씀 다시 떠올라
무슨 일이 일어난 건 아닐까

주님, 무서운 고난 닥쳐와도
순종하여 받아들이지만
아들만은 탈 없이 지켜 주소서

그 아이 예고된 구원자이니
해치려는 사악한 무리들
이 땅에 얼마나 많겠어요

허둥지둥 두리번두리번
거슬러 가는 종종걸음

가슴은 쿵쿵 거세게 뛰고

아이가 어찌 되면 주님 어떻게 뵈며
괴로운 날들 저는 견딜 수 없어요

이리 떠난 지 사흘 만에
도성에 다시 돌아와
여기저기 묻고 찾는 어머니

하느님, 당신 아들 아닌가요
자비로이 보살펴 주소서

애써 둘러봐도 보이지 않아
혹여 율법 교사들 모여
토론하는 자리에 있을까

아들아, 여기 있었구나
막힘없이 주고받는
그의 지혜로움보다
어미 염려와 꾸지람이 앞서네

애야, 얼마나 찾았는지 알고 있느냐

상사화

그런데도 무심한 아들
아무 일도 없었다는 듯

아버지 집에 있어야 하는 줄 모르셨습니까

서운한 심정에 왈칵
눈물 맺힌 어머니
하지만 곰곰이 되새긴다

안고 업고 먹이며 기르다 보니
언젠가부터 당신의 아들임을
까마득히 잊고 지냈나 봅니다

이 아이는 때가 되면
오늘처럼 찾아야 할
찌르는 듯 아픈 심장인가요

차라리 잃어버리고 만난 오늘은
기쁘고 행복한 날인지요
훗날 떠남은 어떻게 될까요

그때도 다시 만날 희망 있다면

저는 지독한 폭풍우 부딪혀도
끝끝내 무너지지 않을 터이니

아니 그가 떠난다고 하여도
부대끼고 지낸 것만으로
저는 만복을 누린 여인네

끼고 안고 살고픈 기특한 아들이라도
저는 고이 길러 당신 손에 맡깁니다

하느님, 이생은 별리가 필연
영원히 함께 할 인연 없는데
저희는 작별 앞에 하늘을 원망하지요

아무리 가슴 미어져도 하늘에 맡겨야 하지만
사랑하는 사람 보낼 때 하늘 보며 통곡하고
비통함에 땅바닥 치며 죄책감에 기어이 망가져

자비의 하느님 용서하셔도
자기를 받아들이지 못하고
심판관 되어 매질 이어 가
어둠의 영 결국 불러들입니다

상사화

어린 아들 말이라도
곱씹어 생각하고
속 깊이 간직하신
지난날 은총의 어머니시여

그때 사흘간 기다림이 십자가 삼 일로
언젠가 맞부닥뜨릴 줄 알고 계셨나요

저희도 삶의 여정 가운데
쓰라린 이별의 고비마다
주님께 의탁하고 순명하는
순전한 성모님 신앙 본받아

창조주께 모두 맡기고
사랑한 세월만으로도
감사의 기도 바치는
섭리에 따르는 자 되게 하소서

더하여 믿는 자녀들에게는
죽음 너머 영생 있으니
애별이 온다고 하여도

절망의 눈물 흘리지 않으며

하늘나라 재회의 희망으로 감사드리나이다

 상사화

세례 - 떠남

어머니 곱게 박음질하신

길게 내린 하얀 속옷에

빛바랜 겉옷 어깨 걸친 채

전대 은자 보따리도 없이

신발 끈 꼭 잡아 묶고

때가 되어 길 나서네

엄마는 정 많은 아들

혹여 뒤돌아볼까

동네 어귀 나무 뒤편에서

굽잇길 희미해지는

저녁 어스름까지

기도하며 내다보시고

주님, 이제 부르심에
아드님 보내드리니
자비로이 이끌어 주소서

모래바람 휘몰아치는 벌판
굽이쳐 흐르는 맑은 물가
곧은길 외치는 소리 들려온다

회개에 합당한 열매 맺어라
심판의 때 가까워졌다
가난한 이웃에게
가진 것 나누어 주고
공정과 정의 앞장서거라

큰 능력 있는 분 오실 것이니
나아갈 길 바로 준비하여라
나는 물로 씻어 주지만
그분께서는 성령과 불로
완전한 세례를 주시지 않겠느냐

한데 군중들 뒤를 따라
바로 그 주님이시여

광야의 소리 앞에 마주 서고

놀라는 그에게 이대로 하여
하늘의 의로움 이루기를 청해

무죄한 분이더라도
사람의 아들로
물에 잠기고 일어서니

빛줄기 구름 헤쳐 쏟아지고
하얀 비둘기 내려앉으며
천둥 같은 음성 메아리쳐 다가온다

이는 내가 사랑하는 아들
내 마음에 드는 아들이다
(마태 3, 17)

이처럼 그분은 흠 없는
하느님 아들인데도
저희처럼 물로 씻고
당신의 신원 드러내셨다

그러하여 주님 세례 예식은

완전한 겸손의 표양이고

새로운 길의 전환점

신비로운 여정의 첫걸음

인류 구원을 향한 내딛음이다

그분은 이렇게 공생활 시작하시고

약속의 말씀 따라 믿는 자녀들도

물과 성령으로 표연히 거듭나게 하시는데

저희는 막상 그분과 달리

씻는 예식을 받아도

여전히 제자리 맴돌며

온갖 죄에서 헤어나지 못할까요

애들아, 왜 그러한지

아집이 영안 가려도

성령님은 탄식하시며

못내 기다리는 까닭 아니겠느냐

독한 악귀는 인생을 꽁꽁 묶어

깊은 수렁 끌고 가려 하지만

상사화

그분은 심지를 억지로 꺾지 않으셔

자연스레 따르지 않는 이들
움직인다 한들 어디로 가며
영혼의 구원에 도움이 되겠는가

그러니, 너희는 몸의 때만 닦지 말고
기도와 말씀으로 영혼 정갈히 하여
정욕의 동굴 벗어나 빛의 세계로 나오렴

주님 뒤따르는 걸음걸음
돌아봐 무디게 하지 말며

진득한 미련이 애써 붙잡고
끈끈한 유혹 옷깃 당겨도
하늘나라 바라는 굳건한 신앙으로

교만 인색 시기 분노 음욕 탐욕 나태
치근덕거리는 칠죄종의 굴레 벗어나라

이러하여 영혼의 얼룩 작아지고
온전히 비워 의탁드리면

신령한 목소리 들려올 터

성령님께서 삶의 협조자 되어

놀라운 은총과 사랑 이끌어 주시리라

신령한 목소리 들려올 터

성령님께서 삶의 협조자 되어

놀라운 은총과 사랑 이끌어 주시리라

혼인 잔치 – 기적

집 떠난 길손 돌아보면

어찌 미련 없으랴

홀로 계신 어머니

무정한 아들 보고 싶어

편찮지는 않은가 염려되어도

주어진 사명 너무 중대해

하늘에 모든 걸 맡기고

마땅히 돌아보지 않아야 하리

그대 먼저 길동무하며

충실하게 복음 전할

제자들 몇몇 부르고

머나먼 여정 시작하려던 때

집 나서기 전 들려오던

가까운 친척 혼인 소식
인편으로 초대받게 되고

그곳에 들러 보아도 될지
아버지께 여쭈어보니
결혼은 생명과 축복의 성사라

이리하여 성부 뜻에 따라
잔칫집에 가게 되었더라도

속내로는 그리운 어머니
뵐 수 있다는 기대에
아이처럼 가슴 뛰기도 했어

그렇게 도착한 혼인집
하객들 붐비고
어머니 음식 준비
잠시도 여념 없으시지만

여러 제자 동행한 아드님
잔잔한 미소로 반기시고

상사화

드디어 춤추고 노래하는
흥겨운 피로연 시작되니
신랑 신부 오늘만큼은
세상 아무 부러울 것 없어라

점차 잔치 즐거움도
무르익어 가며
감미로운 술잔들
주고받으며 정담 나누는데

혼주들 가슴 덜컥한다
포도주가 바닥이라는
하인의 느닷없는 전갈

어찌하나 빌릴 수도
어디서 살 데도
만들 방법도 없어
허둥대며 발을 동동거린다

잔칫집 어른인 어머니께서도
애가 타 상념에 잠기시고

그런데 무슨 생각이신지
오랜만에 본 아들에게
애야, 포도주가 떨어졌구나

어머니, 무엇을 바라시는지요
아직 때가 이르지 않았어요

이러해도 여기 일이 다급하니
하느님께 청해 구해 보려무나

그리고 사랑과 은총의 어머니
일꾼들에게 나지막이 명하신다

무엇이든지 그가 시키는 대로 하여라
(요한 2, 5)

어떻게 할까 난감한 주님
가만히 하늘 올려보다가
결심한 듯 혼잣말 기도하시고

순간 잔치의 분주한 손길도
손님들 두런두런 이야기도

달빛 품은 호수처럼 가라앉는다

얼마의 시간 흐른 뒤
천천히 고개 내리며
지그시 잔치 둘러보고
하인들에게 조용히 말씀하시네

독에 물을 가득 채워라
그리고 그것을 퍼서
과방장에게 날라다 주거라

신비로워라, 주님의 솜씨
말씀 한마디에
항아리 맑은 물
달콤하고 향기로운 포도주 되어

태초 하느님 마련하신
혼인성사 잔칫상
흥을 돋우고 풍성하게 하셨다

그렇게 이어지는 혼인 잔치
어머니는 아무 말씀 없이

한쪽에서 집안일 계속하시고

주님께서는 친지들 어울려
어머니의 소망 들어주신
기적의 하느님 한껏 찬미드린다

남자와 여자 달이 차서
서로 그리워하고
사랑으로 만나
부모 떠나 살아감은
조물주 은총이며 창조의 섭리

하느님의 은혜 거슬러
참된 만남과 사랑
가벼이 여기면
이 땅 그분의 나라
어떻게 번창하고 전해지나요

주님께서 복음 선포하는
구원의 길 나서기 전
기적의 포도주로
잔치 흥겨움 지켜 주심도

상사화

자녀들 결혼과 다복한 가정
얼마나 소중히 여기시는가
만방에 드러내는 예표라 하리

이러한 남녀의 혼인은
사랑으로 결합하고
정성으로 자식 낳아
번듯하게 길러 하느님께 바치며

죽음이 갈라놓을 때까지
하나 되어 살아가는
보배로운 약속과 축복의 성사

하지만 악은 복된 서약 깨뜨리려
집요하게 가정의 불화 충동질해요

서로 아껴 주는 살뜰한 마음에
이기심의 창끝 들이밀고
방탕의 올가미 치켜들며
다툼의 칼날 마구잡이 휘두른다

지난날 얼굴 보지 못하고 살아도

깊은 정 백년해로했는데
지금은 무엇이 부족해
깨지고 망가지고 부서져
간교한 어둠의 권세 축배 드는
주님 심장 후벼 대는 집 이토록 많은가요

그래도 저희는 가정 아니면
어디서 하느님 지극한 사랑
느끼고 배우며 살아갈 수 있을까

이러해 사랑의 주님이시여
은총으로 가정 이루고
귀여운 아이들 기르며
사랑과 희생의 기쁨 알아

재물도 명성도 치미는 욕정도 아닌
사랑이 삶의 전부라 깨치고
평생 사랑으로 아름답게 살다가
고대하던 하늘나라 들어가기를 바라나이다

상사화

선포 – 하느님 나라

살아 있는 자 들어갈 수 없고

죽은 이들 전하지 않으며

밤새 천상 음악에 취해도

동이 트면 안개처럼 사라진다

누가 환시로 보았다 해도

눈에 들어오지 않으니

계시로만 믿어야 하는

신비롭고 아름다운 하늘나라

마침내 전도 길 나선 주님

가련한 백성들 위로하고

땅에 해방과 구원 전하려

하느님 나라 선포 시작하셨다

때가 차서 하느님의 나라가 가까이 왔다

회개하고 복음을 믿어라

(마르 1, 15)

하늘나라 과연 어떤 나라인가

해처럼 빛나 그림자 없고

형형색색 향기로운 꽃 피며

예쁜 새들 재잘재잘 날아다닌다

다툼과 시기 곤궁함 없어

환한 얼굴 기쁨 가득해

누구나 눈부신 천사의 모습

찬란한 궁전 성부 하느님

인자하게 앉아 계시고

돌아온 자녀들 위로하시려

천상 잔치 쉼 없이 베풀어 주시네

이런 세상 눈앞 펼쳐지면

당장에 군중들 환호하며

가진 것 다 던지고 달려올까

한데 천국은 아무나 볼 수 없고

주님 말씀 이해하기 어려워

돌아서는 무리들 너무도 많아

그분은 사랑의 주춧돌 되어

하느님 나라 땅에 세우고

영혼들 죽음에서 구하려

거룩한 왕국의 소망 말씀하신다

가난한 이들 위로와 희망 주고

갇힌 자녀들 풀어 주며

매인 사람들 빛으로 이끌어

이처럼 억압받는 백성들 자유롭게 하여

공정과 정의 평화가 넘치고

내남없이 도와주고 섬기는

사랑으로 가득한 세계 정녕 펼치리라

이리해 주님은 사랑과 희생으로

그 나라 모습 몸소 보여 주시며

여러 비유로 하느님 나라의 신비 가르치셨다

천국은 겨자씨와 누룩 같아

썩고 삭혀야 자라고 부풀어

아름드리나무 새들 깃들고

밀가루가 먹음직한 빵 되어 식탁 채운다

그렇다, 그 나라 건설은

미어지고 아려도

겨자씨 누룩 같은

희생 제물 있어야만 해

이렇기에 짙푸른 하늘빛 아래

다짐하듯 결연히 말씀하시네

이제 너희들 앞서 내가 그 길 가려 한다

주님, 그러한데 제자들마저

희생 구속 깨닫지 못하고

때때로 자리다툼 언쟁하니

지켜보는 심정 얼마나 상심 깊으셨을까

지금 저희도 그런 마음으로

봉사하지 않는가 돌아봅니다

하느님 나라 씨앗 되려면

주님 본을 보이셨듯

진실되고 겸양하게

섬기는 자 되어야 할 터이니

낮은 곳 찾게 하시며

궂은일 솔선하고

어디라도 부르시면

망설임 없이 달려가게 하소서

저희 미천한 봉헌일지라도

돌아보아 이천여 년 전

절절히 선포하신 나라

이 땅에 이루는 데 쓰임새 되어

언젠가 주님 뵈올 때

어질고 착한 종아

정말 수고 많았구나

하늘 잔치 기뻐 춤추게 하소서

신비 – 거룩한 변모

어느 누가 하늘에 정좌하신

하느님 영광스러운 모습

화폭에 고스란히 담으며

글에 실어 생생하게 전하려나

먼 옛날 주님 보려는 위세

우렛소리 자욱한 연기에

벌벌 무서워 떨며 기운 꺾이고

벗과 같은 믿음직한 예언자도

그분의 너른 뒤태 겨우 보았다

나를 보면 죽으리라

죄 중의 피조물들

살아 만날 수 없다는

엄정한 경계 말씀이신지

상사화

이러해도 사랑하는 자녀들
마냥 그렇게 둘 수 없어
영원한 생명 문 열어 주려
하나뿐인 아들 보내셨으나

완고한 백성들 같은 모습이니
그이는 단지 사람의 아들이라

소경의 두 눈 뜨게 하고
죽은 이 되살려 내며
기적의 말씀 선포해도
구세주로 맞아들이지 않고

때가 되어 수난과 죽음의 길
시시각각 다가오는데
제자들마저도 철없어 가슴 미어진다

내가 무참하게 떠나면
약한 저들 어찌 될까
추풍낙엽처럼 흩어질 텐데

아버지, 저들에게 용기 주려

거룩한 하늘의 면모
잠시 내보이면 안 될까요

아들아, 오랫동안 함께 하며
정성 다했는데 부족하다면
이를 어떻게 받아들여야 하느냐

더구나 눈부신 광영으로
저들 마음에 헛된 욕망
창궐하면 결코 안 되는데

아버지, 그러하더라도
제자들 가운데 몇몇
하늘 광휘 보여 주어
굳건한 신앙 세우게 하고

그들로 심지 약한 제자들
하나로 이끌어 모아
복음 전할 수 있도록 허락하소서

이리하여 세 사도 함께
높은 산에 오른 주님

　　　　　　　　　　　　상사화

얼굴은 해처럼 빛나고

옷은 하얗게 눈부서 바라볼 수 없다

이때, 그분과 두 선지자

함께 말씀 나누고

동행한 제자들은

영광된 모습 두렵고 놀라워

주님, 초막 세 개 반듯이 지어

저희도 같이 지내면 좋겠습니다

그 순간 빛나는 구름

온 숲속 덮어 가리고

하늘의 소리 크게 울려온다

이는 내가 사랑하는 아들,

내 마음에 드는 아들이니

너희는 그의 말을 들어라

(마태 17, 5)

주님은 산을 내려오시며

너희가 마주한 광경

메시아 고대하는 이들
섣부른 기대 일으키지 않도록

부활 이뤄지는 그날까지
결코 내보이지 말고
굳센 믿음과 용기로
다른 이들 이끌어라 이르신다

아, 수많은 이적에 더하여
신비로운 천상의 광채
택한 이들에게 내비치신
자애로운 주님 성심이시여

얼마나 사랑하는 제자들
염려되고 안타까우면
눈부신 변모로 희망을 주시고

지금도 숱한 홀대와 모욕 원망하지 않으며
신비로운 성체의 기적 자비의 발현으로
자녀들의 회개와 의탁 거듭 호소하시는가

그래, 전해도 들으려 하지 않고

상사화

보여 주어도 돌아서지 않는

완고한 백성들이지만 저버릴 수 없어

이제라도 귀 기울여 듣고 바로 보아라

이렇듯 밝히 드러난 하느님의 자비

마음으로 깨닫고 영혼 깊이 새겨

하늘 궁전 오르는 날까지 꿋꿋이 믿음 지키자

사랑 – 성체성사

창조주 하느님께서

피조물인 저희를

너무나 사랑하시어

죄 된 사람의 몸

몸소 입으시고

이마저도 모자라

하나 되어 살아가시려

살과 피 다 내놓으시고

주인이 종의 음식 되어

험한 입안에 들어오시는

말로 표현할 길 없는

사랑과 자비의 성사

주님의 성체 성혈이시여

도성에 다다르기 전
그렇게 예고하여도
거룩한 기적의 주님
십자가 고초 상상도 못 해

모두들 모인 파스카 만찬
수난 전날 저녁이건만
제자들 무심코 들뜨기만 하네

어쩌면 거룩한 주님의 도성
도착한 기쁨에 더해
왕의 권좌 오르시려나
세속 희망도 은연중 피어올라

모든 걸 알고 계신 사랑의 주님
제자들 바라보시며 가슴 아프다

이 철없고 무지한 이들
아버지, 어떻게 하나요

불현듯 식탁에서 일어나
겉옷 벗고 수건 들어

제자들 발 정성스럽게 닦아 주신다

너희도 이처럼 섬기고 사랑하여라
파견한 이가 본을 먼저 보이니
따르는 이들 당연히 그리하거라

뒤이어 빵과 포도주 위로 올려
감사드리고 나누어 주시며
당신의 몸과 피라 이르시는데
어느 이들 그 말씀 제대로 알아들어

봉헌된 빵과 포도주
성체 성혈 변화되어
영혼의 양식으로
내주심 진정 감사드릴까

이는 살과 피로 새 계약 맺어
끝 날까지 함께 하시려는
주님 사랑이며 희생이시고

더하여 자녀들 기다리며
천국 잔치 만날 때까지

상사화

포도나무 열매 빚은 것
마시지 않으리라 말씀하신다

주님께서 빵과 술로 머무르며
괴로운 자녀들 바라보시는데
달콤한 포도주에 어떻게 취하시겠어요

아, 정녕 누가 생각했을까
믿는 이들에게 다가오는
빵과 포도주의 신비로운 변화

사랑으로 이루어진 기적의 성사
여기 하늘의 비원 메아리친다

내 살과 피로 기르고 지켜
귀한 아이들 다 구원하리
결단코 하나도 잃지 않으리리

그 진정 떠올리려니
사랑의 성체 성혈
눈물 없이 모시지 못하고

수난과 희생 되새기자면
가슴 미어져 삼킬 수 없다

가난한 주님 생각할 제
편안한 몸 부끄러워
제단 앞에 어떻게 나서고

외로운 감실 바라보아
호소하는 성체 성심
애달파 아무 말씀 올리지 못하느니

애들아, 그래도 이 자리
너희 만날 수 있어
흐린 등불 작은 처소
오랜 기다림마저 기쁘게 받아들인다

상사화

어머니의 기도 – 피땀 흘리심

어미의 눈물 어린 기도

밤바람 타고 밀려와

자애로우신 주님 어떻게 외면해

살아서 볼 수 없다면

깊은 저승에서라도

죽음보다 억센 모정

언제나 너를 잊지 못한다

이렇게 이천여 년 세월

한결같은 어머니 마음

그대 간절한 소망 무엇이더냐

다락방 파스카 만찬 끝난 뒤

아드님과 제자들 떠나고

어둑해진 길 젖은 눈으로

지난날처럼 하염없이 바라본다

그래도 삼 년 전에는 희망으로 보내
서운함 그지없어도 쓰라림은 몰랐다

어머니 저린 가슴 부여안으며
아들은 지금 어떤 심정일까
괴로운 마음 걷잡을 수 없을 터인데

눈물 흘리며 간절히 기도하겠지
엄마라고 이렇게 있을 수 없어
내 아들 아픈 시간 함께 하련다

그리해 도성 돌바닥 무릎 꿇고
어머니 흐느끼듯 기도 올리네

하느님, 당신의 아들
어디 데려가시는지
이 길밖에 정녕 없는가요

차라리 제가 가면 안 될까요
남은 이들은 어떻게 하나요

 상사화

따르는 수많은 제자들
호산나 외치던 군중
목자 없는 양 떼처럼 흩어지고

슬픔 절망 휘몰아치면
천지간 불행한 어미
누구에게 하소연해야 하는지

천사의 느닷없는 전갈에도
말없이 순종한 어머니지만
아드님 수난 목전에 두고
피앗이라는 말씀 쉬 나오지 않아

이 고난 거두어 주시면 좋으련만
그렇게 한참 동안 기도드리다
하늘 올려보며 나지막이 말씀하신다

주님, 저는 당신의 여종일 따름입니다
이 또한 당신 뜻대로 이루어지소서
선하고 인자하시며 높은 하늘 저편
모진 애 쓰시는 성심 저는 굳게 믿습니다

그렇지만 청하오니, 처절한 고통은

못난 엄마에게 내려 주시고

아들은 앞장서 걷게만 하여

의연한 자태 절대 무너지지 않게 하소서

그래, 아들아! 힘내어라

그 길이 무엇이라도

이 어미 끝까지 따라가겠다

사나운 가시밭길이면 어때

날카로운 벼랑 끝이라도

폭풍우 바다면 어떻고

불살 치오르는 구렁일지라도

이 시각, 산에 오른 아드님

무거운 상념에 잠겨 든다

어머니, 잠 못 이루고

밤새워 기도하실 텐데

어떻게 위로해 드려야 할지

아버지, 수난의 시간

형극의 십자가 형벌

물리쳐 주실 수 없는가요

오감 고스란히 지닌 제가

과연 당당할 수 있을까요

고통에 못 이겨 몸부림치면

아버지의 뜻 어떻게 되나요

인류 구원의 여정 이렇듯 힘겨운데

완고한 백성들 말씀 알아들을지

저 아니면 속죄 제물 없는가요

착잡한 심정 밤의 적막 두렵나이다

고즈넉한 동산 숲 가운데

너른 바위 꿇어 엎드려

어두운 밤 쉼 없이 기도하실 제

구름 새 푸른 달빛

시리게 처연하고

스치는 바람 야속하기만 하다

그런데, 가엾은 어머니

사랑하는 제자들

자비로운 성심께

온전히 의탁드린다 하여도

외아들마저 내치는 완악한 선민들

저들은 어디로 떨어지게 되는가요

주님, 심장 터질 듯 아파

아버지, 용서해 주십시오

그분의 애끓는 기도 소리

하늘 울리고 땅 흔들어

천사들 가만가만 내려와

위로하며 날개 그늘 감싸 주지만

주룩주룩 흐르는 땀방울

어느새 핏물 되어

하얀 옷깃 적시고

바위틈 붉게 물들인다

어머니, 아무리 힘들어도

상사화

이 아들 순종해야
아버지 구원의 말씀
땅에서 열매 맺겠지요

얼마나 시간이 지났을까
천천히 윗몸 일으켜
하늘 올려다보는 주님이시여

아버지, 이 잔이 비켜 갈 수 없는
것이라서 제가 마셔야 한다면
아버지의 뜻이 이루어지게 하십시오
(마태 26, 42)

달빛은 교교히 내리비추고
깊은 눈빛 잔잔한 미소
어느새 평화의 영이 내려왔다

사랑하는 어머니, 가슴 미어지더라도
끝까지 믿고 기다리며 기도해 주세요

어머니 애달픈 마음
아버지 아시기에

사흘 후 가장 먼저
어머니 뵙도록 청하렵니다

그래 그날이 예정됐다 해도
아들의 고통 생각하면
심장 터질 듯 아파
하느님 차라리 불러 주시면
당장이라도 감사하며 가고 싶은데

그분은 고난의 걸음걸음
주저앉아 눈물 적셔도
지켜보고 전하라 이르신다

이리해 어미도 아들 따라
수난 길 가려 하네
가슴 치며 걸으려오
끝까지 견디게 힘을 주소서

사랑하는 빛의 자녀들아
이 밤 함께 간구하자
아들도 가엾은 엄마도
너희들 기도가 필요하단다

상사화

상처 - 매 맞으심

지나온 날들 기억

독한 사냥개처럼

물고 찢으며 놓지 않아

빠져나오려 애쓰면

더 깊이 파고들어

끈질기게 옭아매는

가엾은 영혼의 고통

용서하고 축복하라 하여도

그렇게 미음대로 되나요

미움과 원망 사무치는데

잊으려 해도 어느 결에

솟구쳐 올라 가슴 후빈다

아드님 잡혀갔다는 소식

어머니 가슴 덜컥하고

온몸 후들후들 떨려

제자에게 기대 간신히 걷는데

수난을 겪는다고 할지라도

그래도 주님의 아들

함부로 대하지 않으리라

섣부른 기대는 산산이 부서지고

내 아들이 어떻게 저런 꼴로

흉악한 살인자도 아닌

예언자로 따르던 이를

꽁꽁 묶어 산짐승처럼 끌고 왔을까

시궁창에 빠뜨렸나 얼룩지고

무르팍은 해져 맨살 비치며

여기저기 긁힌 핏자국

밤바람 선선한대도

이마에 식은땀 진득하게 흐른다

둘러선 경비병 하인 무리는

상사화

제정신 아닌 죄인처럼 조롱하고

아들아, 네가 누구라 생각하고
이리 당기고 저리 밀어 대며
수난 길 가기도 전 망가뜨리려 하느냐

어머니, 제 심장 이미 다 뜯겨
만신창이 고독한 죄인 되었어요

다른 이들 아닌 사제들이
하느님 아들 몰라보고
천대 모욕하며 죽이라 합니다

우리 사는 모습도 들여다보면
가까운 이들에게서 받는 고통
가장 서럽고 견디기 어려운데

그분의 상처는 뺨 맞으며
수염 뽑히고 생채기 나는
눈에 보이는 아픔보다
저들의 무지와 배신에서 와요

아, 하늘도 무심하시어
죄 없는 이 판결 받고
밤새 시달려 지친 몸
매질하는 형장에 옮겨져

인정머리 없는 집행인들
두 손 기둥에 묶고
철편 박힌 채찍으로
돌아가며 무자비하게 내리친다

어머니, 동족에게 버림받았을 때
저는 이미 무참하게 죽었어요

그래도 아버지 뜻에 따라
남은 고초 더 겪어야 해

삭신 부수는 무수한 매질
넘어오는 굵은 신음
악다물고 견디다가
기진해 늘어진 몸뚱이
시체처럼 질질 끌려 나가누나

상사화

어머니, 차마 그 자리
떠날 수 없어
매질 당한 형장
소금 기둥 되어 계시더니

젖어 든 핏물 떨어진 살점
하나하나 고이 모아
하얀 보에 싸서 안고
통곡의 수난 길 재촉하신다

아들아, 심장 터지고
눈물 앞을 가려도
네 고통의 순간순간
가까이 지켜보고 새기련다

나는 네 어미 젖 물리고
안고 입어 길리
주님께 바쳤으니
언제고 다시 돌려주시겠지

그러면 너의 어떤 모습이라도
사랑스럽게 고이 안아 눕히고

살아온 지나가는 다가올

기쁨 슬픔 고난 영광

어미가 본 대로 끝끝내 전하리라

아들아, 망가진 너를 보며

저들 사나운 매질 조롱

가슴에 원망이 없지 않지만

하늘의 주님 뜻에 따라

미움 증오 심판마저도

모두 거두어 제단에 바칠 터이다

하느님! 저희 모자의 수난

속죄 제물로 드리오니

이 땅에 자비를 베풀어 주소서

이렇게 깊은 상처마저 봉헌한

순명과 통고의 어머니시여!

원망의 수렁 허우적대는 저희들

바라고 청하며 의탁드립니다

상사화

지난 삶의 아픈 기억들
헤쳐 나오기 힘든
회오와 고통의 시간도
하늘에 올려 주실 수 있을까요

그리하여 상처의 굴레 벗어나
아픈 영혼 헤집고 들어
피폐하게 몰아대는
어둠의 충동 이겨 내고
은혜의 물결에 삶을 맡기며
주님의 평화 누리고 전하며 살게 하소서

위선 - 가시관

쓸모없다 팽개쳐진

모나고 거친 돌이

주님 손에 들어가

바람 부딪히고

물살 깎이며

낙엽 덮이다

세찬 눈발에 숨죽이네

그렇게 세월 흐르며

버려진 투박한 돌

매끄럽게 다듬어져

든든한 모퉁잇돌

태고연한 옛길

멋스러운 정원석도 되며

상사화

보고 싶은 하늘나라

정겨운 풍경 이루다

하지만 세상 사람들

보이는 모양으로만

됨됨이 판단하고 자리도 정해

하느님도 이와 같으셨으면

사울이야 집안 작아도

인물 출중했다 하지만

소년 다윗 어떻게 선택되었을까

지켜보아 무자비한 채찍질

온통 찢기고 터져

군중 앞에 나온

유월절 예수님 모습

온전한 사림이라 할 수 없어

멀찍이 군중 가운데

아드님 바라보는

수심 가득한 여인이시여

안타까운 어머니 눈에
볼품없이 망가졌어도
사랑스럽고 귀한 아들이건만

피범벅 된 초췌한 몰골
진홍색 겉옷 걸친 채
왕관 대신 가시관
손에는 왕홀이라며
흔들리는 갈대 쥐고 서 있으니

드러난 면만 보는 군중에게
만국의 왕 그리스도는
하늘 아래 천덕꾸러기
보잘것없는 놀림감일 뿐

하늘이시여, 약속된 임금님
이토록 처량하게 서게 하는
당신의 뜻은 과연 무엇인가요

저 아이 극심한 고통과 수모
어디까지 가야 끝나는지요

그래, 이렇듯 비통하게
천대받고 조롱당하지만
어쩌면 내 나라 왕은
저 모습 그대로 아니겠느냐

창과 칼로 위세 부리고
온갖 사치 향락 찌든
이 땅의 통치자와 달라

하느님 나라 임금은
가난하고 겸손하여
발 닦아 주며 섬기느니

나는 그를 사랑하지만
세상은 업신여기고
하찮은 지푸라기로 여긴다

비웃음거리 된 주님
아무 동정도 없어
지난 신비로운 행적
이미 잊히고 살인 죄수보다 못해

어머니, 여기 도성
박차고 일어나
땅을 뒤흔든다면
백성들 엎드려 뉘우칠까요

아버지, 어떻게 저럴까요
삼 년 동안 쉴 틈 없이
가르치고 보여 줬는데
저들을 완고하게 하셨나요
아니면 태생이 원래 그러한가요

어머니, 십자가 지고 갈 시간
두렵고 가슴 떨립니다
이겨 낼 수 있을지
애통함 사무치더라도
마지막까지 기도해 주세요

아, 예정된 수난 길이더라도
돌아서 회개하고
그분을 모셨더라면
십자가 거둘 수 있었으려나

상사화

모두가 보이는 것만

전부로 여기고

겉보기만 치장하며

진실은 거들떠보지 않는

위선으로 가득 찬 세상인심이

주님을 사지로 내몰았음이라

지금 물정은 어떤가요

그분 다시 내려오시면

평화의 왕으로 과연 모실까요

자애로운 어머니시여

귀먹고 눈먼 저희들

깨우치고 바로 일러 주시어

거짓 난무히는 세상이지만

진리의 밝은 빛 따라

흔들림 없이 곧은 길 걷게 하소서

주님 가난하게 오시더라도

알아 뵙고 섬기게 하소서

무지한 영혼들 구원 위해 빌어 주소서

상사화

구원 - 십자가 길

십계명 돌판에 놓인

아론의 지팡이에

생명의 싹이 돋아

선민들 역사의 증거로

후세에 전해졌으나

성궤는 어디론가 사라졌다

하지만 주님의 십자 나무

못내 살아 움직여

산 넘고 물 건너

온 땅 구석구석 전파되고

나무마다 새싹 돋아

푸른 잎 무성하며

꽃 피어 열매 맺는다

여기에 온갖 생명 찾아들고
암탉이 병아리 품듯
자녀들 고이 안으려는
그분의 소망 기적처럼 펼쳐지네

돌이켜 보면 십자가 수난 길
지금은 순례자 찾아와
묵상하며 걷고 있지만
그 옛날 어머니와 아들
얼마나 미어지고 가슴 아팠을까

뜨거운 햇살 아래
피 엉긴 발등
지친 걸음걸음
무거운 십자 나무 메고

뒤따르는 어머니
눈물 앞을 가려
차마 볼 수 없더라도

아드님 수난 길 뇌리에 담고
심장 칼로 찔러 새겨야 해요

그의 온몸 피에 젖어

처연한 붉은빛

하얀 겉옷 배어 나오는데

해진 어깨 파고드는

무거운 십자가

어찌 견디나요

차라리 무너지소서

아들아, 둘러싼 무리들

걷기도 힘든 너에게

이렇게 야멸차고 잔인한가

때리고 욕하고 돌 던지고 밀치며

굶주린 이리 떼처럼 달려드느냐

그래, 날카로운 가시 박힌 체

뜯기고 터져 일그러진 몰골

뒤엉긴 피딱지에 핏물 다시 맺혀도

저들에게 자비가 아니라

거센 증오 불러일으키고

기어코 탈진한 아들
비틀비틀 걷다가
쓰러지고 넘어진다

그래도 다시 일어나
성부 뜻하시는 길
이 악물고 가려 애쓸 제

비수 같은 채찍 날아오고
날 선 창끝 찔러 재촉하누나

어머니, 어떻게 하지요
십자 나무 만근이고
이 자리 서 있기도 힘겨워

또다시 넘어지는 아들
그에게 가려 해도
성난 군중 에워싸
가까이 다가갈 수도 없다

무릎 꿇어 하늘 보며
애원하는 여인이시여

상사화

주님, 이제 모진 고통
거두어 주시면 안 될까요

어머니, 끝까지 가야 해요
아버지께서 원하시니
마지막까지 힘내렵니다

성부의 뜻과 제 마음
하나 되지 않으면
창궐하는 어둠
어떻게 이겨 내어
불민한 백성들 구하나요

모든 민족 죄에서 구하려
희생 제물 필요하다고
천사 보내어 말씀하셨어요

저는 구릉 위 하늘 제대 올라
세상 모든 죄 짊어져야 합니다

어머니, 가슴에 대못 박는
무정한 아들 용서하세요

저는 아버지 말씀 따라
고난의 십자가 길
그분이 곧 나이기에
기어서라도 오르럽니다

이제 다 왔나요, 여기 언덕
주님의 도성 바라보는
이곳에 제가 매달리나요

어머니, 아무리 힘드서도
고통스러운 제 모습
그대로 봉헌하시고

이 자리 지키시며
그분의 뜻 위해
끊임없이 기도해 주세요

아무리 뒤져 봐도
모든 죄 대속할
흠 없는 제물 구하지 못해

외아들 바치는 아버지

얼마나 애통한 심정일까요

이렇게 십자가 아래 계신
통고의 성모 어머니시여
감사의 봉헌 기도 눈물로 바칩니다

구원의 길 이토록 험난한데
저희는 아드님 희생으로
믿기만 하면 빛을 주시니
얼마나 감사하고 놀라운 사랑인가요

성부 사랑이 구세주 보내셨고
그분 십자가 수난으로
인류 구원의 길 열렸으니

저희는 하느님께 영광드리며
그 희생 사랑 만세에 전하고
아드님 선포하신 복된 나라
이 땅에 널리 영원토록 이어지도록

저희도 주님의 십자가 나누어 지고
어머니 고통의 시간 함께 걸으며

통한의 골고타 오르고 올라

사랑의 희생 제물 봉헌되기를 청하나이다

통한의 골고타 오르고 올라

사랑의 희생 제물 봉헌되기를 청하나이다

완성 - 죽음

하느님 믿지 않는 이들

죽음이 끝이라 하지만

오묘하신 섭리 아래

그것은 완성이며 시작이라네

한 떨기 향기로운 흰나리 보고파

주님은 무척이나 모진 애 쓰신다

바람 불면 굳은 등 막이 되고

겉옷 벗어 따가운 햇살 가리며

매몰찬 빗줄기 너른 가슴 안고

따뜻한 눈길 매서운 눈발 녹였다

그도 모자라 봉오리 꺾으려는

어둠의 권세 물리치고

영혼의 얼룩 씻어 주려

십자가 수난까지 감내하셨지

바람 부는 언덕에 쿵쿵쿵 망치 소리

엄마 가슴 대못으로 마구 헤집고

붉은 피 잔꽃 되어 애처로이 흩어지는데

다 벗겨져 치부마저 드러낸 채

꿈틀대는 가는 손마디

신음 낼 기운도 없지만

해진 몸 부끄러움에 움츠린다

그래, 한낱 종이라도 맨살 들추면

수치로 떨리는 것 당연할 터인데

강생하신 하느님 귀한 아들이시여

이 수모 어떻게 위로해 드려야 할까요

수난의 십자가 그분 곁에서

북돋아 주던 천사들도

차마 볼 수 없어

고개 돌려 외면하고

어머니 눈물로 기도드린다

주여, 어서 데려갈 수 없나요
누구도 나누지 못하는 고통
죽음으로만 잊을 수 있다면
자비로이 그 생명 끊어 주소서

아드님, 가물거리는 눈
사방 둘러보다가
어머니 처량한 모습
모질게 참았던 눈물 글썽인다

어머니, 가슴 미어지더라도
몽매한 백성들 용서 바랍니다

저들이 무엇을 알겠어요
지독한 사탄의 세력이
악으로 치닫게 부추겨

어머니, 저들까지도 보듬어
구원의 길 이끌어 주세요

저는 온 세상 사람들 어머니께 맡깁니다

이제, 당신은 만인의 어머니
저를 품듯이 안아 주고
고이 지켜 봉헌해 주세요

뒤틀려 끊기는 무참한 고통 속에
처진 몸뚱이 숨 들이켜기도 힘겨워

저의 하느님, 저의 하느님
어찌하여 저를 버리셨습니까?
(마르 15, 34)

내가 어찌 저버리겠느냐
네 아픔이 나의 통한
아비도 심장 으깨져 내린다

하느님의 외아들
다 이루어졌다
마침내 고개 떨구시니

해는 부서지고 대지 흔들리며

   상사화

먹구름 덮인 하늘 구슬피 울고

어머니 무너지는 심정

아들아, 고생 많았다

비통한 눈물 숨죽여 흘린다

해 질 녘 아드님 모실 때

자칫 마디라도 꺾일까

천사 조심스레 거들어 주고

파리한 어머니 마지막 힘 다해

차디찬 몸 가만 무릎에 눕힌다

가엾은 여인아, 친구 위해

목숨 바치는 이보다

더 큰 사랑 구태여 찾는다면

주인이 집안 종 대신해

스승이 제자 구하려

한 생명 내놓는 것 아닐까

아들의 죽음은 바로 내 사랑

너희를 너무나 사랑하여

흠 없는 제물로 십자 제단에 그를 바쳤다

사람아! 사랑아! 이토록 사랑하니

아깝지도 아쉬울 것도 없더라

이처럼 너희도 십자가 바라보며

남김없이 내어 주고 사랑하자

그렇게 살아가면 죽음은 끝이 아닌

삶의 완성이며 하늘나라의 시작

약속된 평화와 행복의 세계 들어가리라

평화 – 부활

고대하는 천상의 평화여

자애로운 하느님 숨결

달빛 머금은 잔잔한 호수

영혼의 기쁨과 안식일지라도

주님의 부활 없었더라면

바라던 평화는 신기루

십자가는 저주받은 나무

제자들은 어리석은 천덕꾸러기

어머니 아픠 더긴 심장

봉해 드릴 수 없고

아름다운 천상 말씀도

덧없는 외침인 양 사라졌으리

삼 일 후 돌아온다 했어도

망가져 성한 데 없는
아드님 몰골 떠올리면
성모님 도무지 상상도 안 되어

그래도 깊이 무릎 꿇고
애타는 심정 기도드린다

하느님, 어떻게 돌아올까요
피폐한 몸 걸어서 오나요
아니면 천사처럼 날아올까요

그런데 온다고 해도
부서진 몸 이끌고
여기 얼마나 머무르려나

언젠가 라자로 되살아났지만
원래 터지고 찔린 상처 없어
온몸 성히 깨어나 평소처럼 다녔지요

제 아들 피범벅이더라도
깨끗이 닦아 뉘었으니
그처럼 탈 없이 살아갈까요

                              상사화

주님, 말씀대로 돌아와
어미 마음 달래 주시고
이리 떼 같은 무리들 질겁하게 하소서

혼쭐내려는 마음 아니더라도
아들 당당한 모습 보여 줘
저들 뉘우쳐 돌아서게 하고 싶어요

종일 단식하며 간구하고
깜빡 앉아 눈 붙이니
어느새 이틀 밤 지나
예고된 사흘날 동트기도 전

기다리는 어머니 앞에
도저히 믿기지 않아
피곤한 기색도 없이
빛나는 얼굴 어둠 떨쳐 내며

다정한 아드님 목소리
어머니 저 왔어요
걱정 너무도 많으셨지요

예정된 시간보다 이르게
아버지께서 보내셨어요
저희의 바람 들어주셨어요

가만히 손잡고 마주 보는
모자의 기막힌 사연이여
새벽이슬 같은 삶들이야
이루어질 수 없는 장면이라 하여도

사랑하는 사람 떠나보내면
혹여나 그리운 심사에
기적 같은 만남 청하지 않나요

새벽녘, 사랑하는 랍비여
무덤가에 불러라도 보려
발길 재촉하는 기특한 여인들

애틋하고 한결같이 고운 마음
열린 돌무덤 맨 처음 보고
돌아온 주님도 앞서 만나게 되어

부활의 놀라운 소식

상사화

방구석 숨어 있는
제자들에게 뛰어가 알린다

뒤이어, 평화가 너희와 함께
맑고 정감 어린 스승님 음성

그런데 수없이 예고했어도
저이들 어쩔 줄 모르고
유령이나 환영 아닌가 두려워하네

믿음 약한 사도들아
너희들 남겨 두고
이 땅 어떻게 떠나야 할지

내가 있으면 왕으로 받들어
미련한 자리다툼 벌이고
없으면 골방에서 벌벌 떨어

어머니, 그래도 이들 아니면
누가 평화의 나라 씨 뿌리고
복음 전해 열매 맺게 하겠어요

이러기에, 기도 청합니다
하느님 아버지께서는
어머니 깊이 사랑하시어
당신의 소망 잊지 않고 들어주시니

사도들과 언제나 함께 하시며
위로 기도해 주시고
지나온 행적 들려주시어
믿음의 반석 위에 굳게 세워 주세요

그리하여 지난날 제자들과
이제는 자녀들 곁에
여전히 동행하시며
쉼 없이 전구해 주시는
영원한 자비와 평화의 모후이시여

주님께서는 구세주이시고
죽음 이기고 부활하시어
화평의 복음 선물하셨건만

저희 지내는 모습 보면
골방의 사도들처럼

무엇이 무서워
불안에 시달리고
평화는 저 멀리 보냈을까요

덧없는 죽음 보며
세상 욕심 집착
미련 없이 내버리고

부활하신 주님 만나
영생의 희망으로
기쁘게 살아가면
그곳에 참 평화 넘치려니

그런 삶 되게 하소서
넓은 은혜의 바다에
심령 고이 깊게 잠기어

성령의 이끄심 따라
영혼의 송가 부르며
평화 전하게 하소서
연약한 자녀들 위해 빌어 주소서

사명 – 승천

전능하신 하느님

말씀 한마디로

이 땅 심판하고

정화하실 수 있더라도

그리하지 않으시고

당신의 자녀들

죄에서 구하여

영원한 생명 주시고자

먼저 한 민족 택해

규범을 세우고

만방 족속들

따르기 바라셨으나

선택된 백성들마저

상사화

어긋난 길 걸어

끝내 아드님 보내시어

계명 참뜻 절절히 가르치며

지상에 구원의 터전 세우고자

기적과 표징 말씀으로

하늘의 권능과 자비

아낌없이 보여 주며

외아들 목숨마저 바치셨다

그처럼 인류 구원 위해

빈손으로 내려와

가난하게 살다가

맨몸으로 떠난 주님이시여

애들아, 내가 내려올 때

황금색 용 문양 새겨진

홍포 자락 휘두르고 다녔더냐

너희 찾아 바랜 겉옷 해진 신발

밤잠 설치며 온 땅 누비었다

나를 찾으면 거친 벌판

깊은 물 험한 언덕도

아무런 걸림돌 아니었어

이리해 보고 들으며

하늘의 소망 품은

사랑하는 믿음의 자녀들아

나는 아버지 뜻에 따라

오늘 하늘에 올라가련다

그래야 성령께서 오시고

너희는 그분 이끄심으로

나보다 큰일도 할 수 있단다

어머니, 무정한 아들

아버지께 가렵니다

마음은 함께 모시고 싶더라도

아직 때가 이르지 않아

아버지 부르실 때까지

믿는 이들 곁에 계셔야 해요

상사화

제가 떠나면 제자들은

목자 없는 양 떼처럼

흩어지려 할 터인데

이때 그들과 같이 기도하며

용기 북돋아 주시길 청합니다

더하여 충실한 일꾼들

복음 전하는 길마다

어둠 무섭게 몰아쳐

온갖 박해 들이닥치면

어머니께서 그이들 아픔

안아 주고 위로해 주세요

당신은 제 어머니지만

더불어 만민의 엄마

자녀들 도움의 어머니입니다

이제, 부활하신 주님

멀리 하늘 옥좌 오른다

만물의 환호성 가운데
천사들 부시게 날며
금빛 비파 가락 타고
수려한 찬미 노래 바치네

세세토록 찬송하여라
놀랍고 신비로운
주님의 희생 업적
하늘에 영광 땅에 평화

찬란한 빛살 내리받고
해처럼 빛나는 얼굴
두 팔 올려 강복하며
주님 천천히 올라가신다

마침내 하얀 점 되어
까마득히 멀어지고
군중들 넋 잃은 듯
푸른 하늘 끝 바라볼 때

어디선가 자상한 음성
가슴 울리며 내려온다

상사화

사랑하는 아들딸들아
성부께서 정하신 날
올라간 모습 그대로
이 땅에 다시 돌아오리니

너희는 아버지 뜻에 따라
맡겨진 사명 수행하거라

함께 하며 듣고 배운 진리
모든 민족들에게 전하여
아버지 뜻하시는 나라 이루자꾸나

나는 저 하늘 위에서
쉼 없이 기도하고
만날 날 기다리며
아버지께 자비 청하련다

무엇이 너희를 망설이게 하는가
재물이냐 명예냐 쾌락이냐
죽음이 도둑처럼 들이닥치면
이런 모든 것 물거품처럼 사라질 터이니

마지막 남는 것은

천국에 간직된

너희 자선과 사랑

믿음과 봉헌 아니더냐

두려워하지 말고 가거라

사랑으로 증거하여라

끝 날까지 너희와 함께 하겠다

영원한 도움의 성모님

주님께서 저희에게

거룩한 사명 맡기셨으니

너무나 감사한 마음

기꺼이 감당하여

성심의 뜻 이루게 하소서

온갖 고난 다가와도

물러서지 않고

매운 눈보라에도

지쳐 무뎌지지 않으며

상사화

아드님께서 그러하셨듯

순명과 겸손 사랑으로

복된 말씀 전파하게 하소서

하늘나라 소망하며

승리의 길 가도록

저희 위해 하느님께 빌어 주소서

거듭남 – 성령

물과 성령으로 거듭나지 않으면

하늘나라 갈 수 없다 하셨는데

물은 알겠지만 성령은 무엇이고

어떻게 하면 다시 태어나는가요

더구나 일생 하느님 믿고

계명 지키며 살았더라도

성령으로 거듭나지 못하여

천국 문 열리지 않으면

억울하고 가슴 아파

땅을 치며 하늘을 원망해야 하는지요

하느님의 성령은 제 안에 있나요

다시 청해 받아야 하는가요

상사화

왜 이다지 이해하기 어려울까요

그리해도 주님은 승천하시며
말씀하신 보호자 성령
바로 보내리라 예고하셨고

거룩한 영 내림이 무엇인지
제대로 이해할 수 없더라도

새 계약의 다락방에서
주님의 어머니 모시고
성령 바라고 청하는 제자들

간절히 기도하는 어느 틈에
가만히 돌이켜 생각하니
지나온 날들, 부끄럽고 민망하여라

주님은 사랑이시건만
나는 욕망덩어리였고
스승님은 희생이신데
끝없이 보채기만 했으며

그분은 섬기라 가르치셔도
미련한 자리다툼 집착했어

말씀 들어도 심장 타오르지 않고
수난 현장 두려워 도망쳤으며
모른다고 세 번씩 부인했구나

이리하여 뜨거운 성찰과 회개로
눈물의 참회 기도 바치며
약속된 성령도 구하고 기다리는데

주님 승천하시고 열흘째 되는 날
세찬 바람 난데없이 불어오고
하늘에서 갈라져 내려 들어오는
불꽃 모양 혀들의 놀라운 강림이여

뒤따라 쏟아져 나오는
신령한 언어의 말씀
얼굴은 붉게 달아올라
벅찬 가슴 눈은 빛나며 생기 넘친다

누가 저들을 겁쟁이라고

상사화

어눌하다 무시하였느냐

더하여 알 수 없는 이상한 말들

그저 흩어지는 요란함 아니라

이방인들 알아듣고 어리둥절해하네

이어서 사도들 크게 외친다

회개하라 우리 죄악이

주님을 돌아가시게 하지 않았느냐

자루옷 두르고 뉘우치거라

그분은 태초부터 예언된

하느님 아들 메시아임을 기억하여라

거룩한 영께서 깨우쳐 주시어

주님 말씀 절절히 이해되고

앞선 계시들 올바르게 해석되며

힘차게 나가 봇물 터지듯 전하니

너무도 경이로운 광경을 보고

모여든 군중들, 저들이 갈릴래아 사람 맞는가요

이렇게 용솟음치는 말씀 선포
듣는 이들 골수 파고들어
수천 군중 회개하고 받아들인다

이런 역사 하느님의 영 아니시면
사람의 능력으로 나타날 수 없어

그처럼 당당한 내딛음
성모님 바라보시며
깊은 감동으로 기도 올린다

하느님, 저이들 통해
당신의 뜻 펼치시어
바라는 하늘나라
이 땅에 이루어지고
불쌍한 영혼들 구원하시며

믿고 청하는 다른 이들에게도
성령 넘치도록 부어 주시어
흔들림 없이 신앙의 길 걷게 하소서

아, 성령 청하는 자녀들아

상사화

주님께서 약속하신
거룩한 영 한 분이시더라도
그분의 은사는 여러 모습 나타나는데

성령님께서 들어오셔도
마음 비우지 않으면
은사는 성장하지 않고
그분께서도 조용히 지켜보신다

그렇다, 진정 가난한 영혼으로
아이처럼 의탁할 때
거룩한 영 역사하시며
완전한 회개와 은총의 길 이끄시지

이처럼 성령께서 삶의 협조자 되어야
사도들과 믿음의 선구자들같이
참사랑과 희생의 길 걸을 수 있고
이것이 성령으로 서듭난 은혜로운 생이라 하리라

희망 – 불러올리심

정결한 나의 아들딸들아

장미처럼 번성하고

백합처럼 꽃 피워

유향으로 그 향기 뿜어라

사랑의 열정 붉게 타오르고

순결의 하얀 꽃 피어오르나니

순교의 피 한 방울 한 송이

빨갛고 새하얀 꽃잎으로

바람결에 날리어 눈물 삼킨다

한 분이신 저의 하느님

당신을 믿고 따르며

초연히 사는 제자들

상사화

무슨 죄가 그렇게 많아
유다인도 이방인도
하나같이 집어삼키려 하나요

저들이 권력을 바라던가요
창칼 들고 신앙 강요했나요

하느님만 오로지 섬기고
가르쳐 전한다는 이유로
모진 핍박 서러움 죽음의 공포

수많은 당신의 착한 자녀들
칼에 베이고 돌 맞아 죽어

이를 보며 조소하는 무리들
당신의 백성들 맞는가요
저들에게도 복음 전해야 하는지요

주님이시여, 제가 태어나지 않았다면
아들 따라 당신에게 올라갔더라도
무력한 어미 비통하게 울부짖지 않으련만

하늘의 비야, 쏟아져 내려
피 엉긴 불쌍한 이들
깨끗하게 씻어 위로해 주려무나

창공의 구름아, 뜨거운 해 가려
가여운 몸 상하지 않게 하여라

나는 그들 위해 하얗고 붉은 꽃잎
상처마다 얹어 주고 주님께 바치며

처절한 기억 지난밤 꿈으로
까마득히 잊어버리고
찬란한 하늘나라에서
고통 없이 지내기를 기도하련다

너희들 보내는 이 어미도
주님의 나라 희생 제물 되어

한시라도 빨리 그리운 아들
심장으로 맺어진 자녀들

하늘에서 만나고 싶지만

이도 하느님 허락 있어야 해

그러던 중 어느 조용하고
맑은 향내 가득한 날
비탈길 소박한 돌집에
하느님 천사 불현듯 찾아와

이제 가실 때가 되었어요
주님께서 기다리고 계십니다

임의 사자여, 오래 기다렸어요
박해의 칼날 가운데도
복음 말씀 전해져
기적처럼 교회가 여기저기 세워지고

늙은 몸 제자들에게
부담되기 전에
하느님께 가기를 소원했지요

이날 제철 아닌데도 처소 작은 정원
진홍색 장미꽃 그림처럼 만개하고
한 무리 백합도 소담스럽게 피었다

사랑의 하느님, 제가 갈 때
아직 당신 나라 못 들어간
혹여 단련받는 가엾은 영혼들
함께 하늘나라 들게 은총 내리소서

이윽고 사랑의 성모 어머니
야위었으나 단정한 매무새
평화로이 숨결 가라앉으며
진득한 장미 향 집 안팎 피어오르는데

아드님은 양부와 더불어
영광스럽게 내려오시고
천사들 수려하게 찬미 경배드린다

성모님, 원죄 없이 잉태되시고
티 없이 살아오신 분이라
그 영혼 주님의 은총으로
빛나는 새 옷 바로 입으시어

부시게 푸르며 선연한 기운
지고한 향기 감싸인 채
아드님 손길 이끌려 천천히 올라가시네

상사화

이렇게 은총으로 들림 받은
희망의 원천 성모님이시여

어머니 성심에 의탁드리오니
삶에 찌든 저희 보듬어 주소서

돌아보아 부활 승천하셨어도
아드님은 하느님이시니
저희 미물들 어떻게 견주어 바라나요

하지만 저희와 같은 어머니
바로 불러올림 받으셨기에
성모님 바라보며 하늘나라 소망하고

엄마 품에 아이처럼 안겨
아무 걱정 두려움 없어라
봄날 이늑한 단꿈 잠기나이다

성모성심 – 천상화관

기나긴 겨울 한밤

거센 눈보라 몰려와

깊은 잠 못 이루고

자녀 걱정 부스스 일어나

천상 만복 마다하며

내려오시는 성모 어머니

하늘의 천주 모후이니

천군천사 선남선녀

아름다운 찬미가로

더없는 영예 누리실지라도

이 땅에 머무르는 자리는

외진 마을 어둑한 동굴

찬바람 부는 언덕

인적 드문 깊은 숲속

해 가릴 나무도 없는 돌밭

누구라도 거친 터는

피하려 하는데

어머니는 그런 곳만 찾아오신다

마주칠 때 옷차림도 수수하여

당신이라 말씀하지 않으시면

누가 과연 성모님 만났다 생각할까

찾는 이들도 특별하지 않아

그들 중 아이들도 많고

아드님 그렇게 하셨듯이

가난한 자녀들 지극히 사랑하신다

어머니 땅에 계실 때

정결하고 겸손하며

내세우지 않는 조용한 손길

깊고 온화한 눈빛

신실한 믿음 순명

청빈한 삶의 봉헌으로

하느님께서는 성모님 사랑하시어
태초 정하시고 영원히 이어지는
만백성의 어머니 복된 여인으로 세우셨고

비천한 사람 몸인데도
하늘의 모후라 일러
열두 별 찬란히 빛나는
수려한 천상화관 씌워 주셨어라

그 품위 오르시면
편안히 지내셔도
누가 말하겠어요
고귀한 천주의 모후이신데

그러하여도 그분 심정
이 세상 우리와 달라
하늘의 옥좌 도리어 가시방석

소외되고 배곯아 스러지는
불쌍한 아이들 눈에 밟힌다

상사화

어미가 되어 자식들
저렇듯 힘든 지경
예사로이 볼 수 없구나

그래, 내려오는 길
묵주 들고 오시어
은총의 기도 전해 주시고

더하여 아들딸들 정성 보시며
신비의 구일기도 가르쳐 주셨다

이렇듯 희망의 기도
지상에 선물하시고
자녀들 바람 이루어 주시려

묵주 알 하나하나
장미꽃 송이송이
하느님 전 곱게 피워 올린다

어머니 마음 장미꽃 내음
뜨거운 사랑의 진홍 꽃잎

그분 숨결마다 하얀 나리
정결한 향기 흘러넘치느니

아, 어머니 티 없는 성심
이 땅의 아들딸들
찌든 얼룩 깨끗이 닦아

하얗게 빛나는 나리로
하늘나라 올라와
행복하게 지내기를
얼마나 애타게 바라시는지

저희가 그 사랑 알면
찬미로 밤 지새워요
어머니 너무 감사하여
한시라도 묵주 놓을 수 없고

어둠의 권세 예나 지금이나
끊임없이 요기조기
먹이 찾아 기웃거리며
자녀들 구렁으로 물어 가려 하지만

상사화

여인의 작은 몸이라

약해 보인다 해도

타오르는 모정 두려움 없어라

기어코 원수인 뱀의 머리

밟아 부수고 깨뜨리시리

천상의 모후 성모님이시여

엎드려 청하고 구하나이다

지순한 향내 피어나게 하소서

가난하여 행복하게 하소서

순명으로 하늘의 기쁨 누리게 하소서

겸손하게 섬기는 마음 주소서

온유하여 평화롭게 하소서

인내와 용기로 말씀 전하게 하소서

생명을 사랑하여 번성하게 하소서

희생과 자선으로 부유하게 하소서

십자가 바라보며 온전히 봉헌하게 하소서

어머니 닮게 하시고
변치 않는 신앙으로
영원한 기쁨의 나라
기어이 다다르도록 돌보아 주소서

저희들 모든 삶과 희망
성모성심께 의탁드리며
찬미와 감사 바칩니다
불쌍한 죄인들 구원 위해 빌어 주소서

상사화

ⓒ 서문원, 2025

초판 1쇄 발행 2025년 4월 20일

지은이   서문원
펴낸이   이기봉
편집   좋은땅 편집팀
펴낸곳   도서출판 좋은땅
주소   서울특별시 마포구 양화로12길 26 지월드빌딩 (서교동 395-7)
전화   02)374-8616~7
팩스   02)374-8614
이메일   gworldbook@naver.com
홈페이지   www.g-world.co.kr

ISBN   979-11-388-4165-8 (03230)